새끼를 많이 깐 씨암탉이라고?

문준경 전도사의 순교 이야기

| 김상원 지음 |

쿰란출판사

감사의 글

　2016년 올해로 증도에 온 지 17년째를 맞았습니다. 어린 자녀들을 데리고 아내와 함께 증도라는 섬으로 들어올 때는 막막하기 짝이 없었습니다. 또한 오히려 모르는 사람들보다 아는 사람들이 목회의 걸림돌이 되어 마음에 큰 상처를 받기도 했습니다.

　그러나 하나님은 한 줄기 햇살 같은 빛을 비추어 주셨습니다. 그것이 바로 증동리교회에서 사역하셨고 6·25때 공산군에게 끌려가 터진목 해변가에서 순교한 후로 50년을 땅 속에 묻혀 있던 순교자 문준경 전도사님을 세상으로 드러내는 일이었습니다.

　쉽지만은 않았습니다. 남아 있는 자료들도 없었거니와 여기저기에 쓰여진 글들이나 말들은 너무도 많이 왜곡되어 있었습니다. 어느 책에는 문준경 전도사님이 목포에서 순교하셨다고 적혀 있고, 어느 분의 말로는 문준경 전도사님이 비참하게 생명을 구걸하다 죽었다고 했습니다. 얼마나 어처구니없고 울분이 나던지요.

　늦은 감이 있지만 이 책은 순교자 교회를 목회하는 목사로서 책임감을 가지고 쓴 것입니다. 여기에 실린 모든 내용은 증언자들이 실제 현장에서 듣고 본 사실들이며, 저자가 실제 성지순례자들에게 들려주었거나 현장에서 설명했던 내용들입니다.

　이 책을 쓸 수 있는 용기를 주신 영광염산교회 임준석 목사님과 돌봄여행사 김정관 대표님, 그리고 수고를 아끼지 않고 이 책을 출판해 주신 쿰란출판사 이형규 장로님과 직원 여러분에게 감사드립니다. 또한 이판일 장로님과 이인재 목사님의 후손으로서, 교회가 어려울 때마다 끝까지 견디게 하시고 순교자 교회를 지키게 하시고 물심양면으로 도와주신 여주성결교회 이성관 목사님과, 자비량으로 부흥회를 인도하시며 많은 분들에게 순교자 교회를 알려주신 지구촌교회 원로목사 이동원 목사님께도 감사드립니다.

　제자들을 데리고 오셔서 끝까지 순교의 정신으로 지켜내라고 격려해 주신 홍정길 목사님, 그리고 김준곤 목사님으로부터 들어서 알고 있었던 문준경 전도사님을 성도들에게 소개해 주시고 설교에 인용해 주시고 순교의 영성으로 목회하셨던 하용조 목사님과 옥한흠 목사님께도 감사드립니다.

　매년 봄과 가을에 한 해도 거르지 않고 7년 동안을 증동리교회를 방문해 주시고 순교의 영성으로 목회하시는 예수향남교회 정갑신 담임목사님께도 감사드립니다. 문준경 전도사님의 수제자로 복음을 들었고 한국 젊은이들의 대학생선교회를 만들었던 김준곤 목사님과 C.C.C 핵심멤버 4인방 옥한흠·하용조·홍정길·이동원 목사님과 이찬수·이재철·박완철·진재혁 목사님과 그 열매들로 인하여도 감사드립니다.

　얼마 전 누구보다도 먼저 문준경 전도사님이 기도하시던 상정봉을 단숨에 뛰어올라 나라와 민족, 교회와 선교를 위해 기도해 주신 선한목자교회 유기성 목사님께도 감사드립니다. 오는 11월에 제자들과 방문해 주시기로 한 명성교회 김삼환 목사님과 명목회 회원들에게도 감사드립니다.

　끝으로 증도에 와서 열악한 환경에서도 바르고 건강하게 성장해 준 나의 자녀들(한울, 다솜)과 내조해 준 아내(손선숙 사모)에게 감사한 마음을 전합니다. 아들 한울이는 장가가서 우리 가정의 선물로 와준 좋은 며느리 유은이를 보게 해 주어서 감사하고, 우리 가정의 첫 손주 해나에게도 하나님의 축복이 있기를 바라며 기도합니다. 사랑하는 딸 다솜이의 영어 번역 수고에 고맙고, 대학에서 전공한 한국음악 가야금을 통해 하나님의 영광을 나타내는 삶이 되기를 기도합니다.

   가족이 없었고 증동리교회 성도들의 섬김과 기도가 없었다면 오늘의 이 책이 세상에 나올 수 없었을 것입니다. 그래서 이 책은 가족과 우리 온 성도들에게 드리고 싶습니다. 이 모든 영광 오직 주 하나님께 올려드립니다. 감사합니다.

2016년 10월 1일
김상원 목사

차례

감사의 글 … 2

✞ 출생과
　시가살이 …………………………………… 9

✞ 신앙의 열정과
　새로운 생활 ……………………………… 15

✞ 잠든 섬을
　깨우다 …………………………………… 22

✞ 경성성서신학교에
　입학하다 ………………………………… 26

✞ 진리교회를
　세우다 …………………………………… 30

✞ 이판일 형제와
　48인의 순교 ……………………………… 35

✞ 멀고 험한
　복음의 길 ………………………………… 42

✞ 증동리교회를
　세우다 …………………………………… 51

✞ 천사의 섬
　신안 ……………………………………… 56

✝ 문준경 전도사를 통해
　 신앙을 키운 김준곤 목사 ························· 66

✝ 보따리
　 전도 ·· 70

✝ 일꾼을 양성한
　 하나님의 딸 ··· 85

✝ 우상과 맞서 싸운
　 문준경 전도사 ··· 88

✝ 거룩한
　 순교 ·· 99

✝ 다시 되살아난
　 신앙의 씨앗 ··· 112

✝ 천국의 섬
　 증도 ··· 115

부록: 영문 번역 … 127

증동리교회 성지순례 가이드 … 169

출생과 시가살이

　　한국 기독교 역사에서 잘 알려져 있지 않지만 빼놓을 수 없는 거룩하고 숭고한 순교의 역사가 씌어진 곳이 있다. 바로 우리나라의 가장 변방이라 할 수 있는 전라남도 신안군 증도이다.

　　근현대사를 통해 우리 민족의 가장 큰 비극인 6·25 한국전쟁 중에 있었던 일로서, 당시 증도에서는 100여 명의 소중한 생명들이 인민군에 의해 비참하게 목숨을 잃었다. 무자비하고 인정이 없는 인민군들이 선량한 주민들을 몽둥이와 죽창으로 학살한 것이다. 그러나 이들의 희생은 결코 헛되지 않고 오늘날 복음의 씨앗으로 자라나 그야말로 섬 인구 90%가 하나님의 백성으로 가득 찰 수 있는 놀라운 역사가 이루어졌다.

　　그 아프고 아름다운 역사의 중심에 문준경 전도사가 있었다.

문준경은 1891년 2월 전라남도 신안군 암태면 수곡리에서 문재경의 3남 4녀 중 셋째로 태어났다. 물이 풍부하다고 해서 수곡리(水谷里)라고 불리는 이곳은 매우 작은 산골로 목포에 나갈 수 있는 선착장과 거리가 먼 곳이었다. 이 마을은 건너편 섬 추포도에서 1770년대에 남평문 씨 일문이 이주해와서 정착해 일군 곳이다.

신안군 암태면 수곡리 마을 전경

문준경의 할아버지가 진사를 지낸 까닭에 그의 가정은 다른 집보다 비교적 유복한 집안이었다. 그럼에도 불구하고 남존여비 사상이 지배 이념으로 남아 있던 시대여서 남자 형제들은 공부를 시켰어도 여자 형제들에게는 배움의 기회가 원천 봉쇄되었다.

어려서부터 남달리 총명한 문준경이었지만 세상이 그러하니 그저 운명으로 받아들이고 체념하며 살았다. 그럼에도 천성이 곱고 인정이 많아 어려운 사람들을 도와주는 사람으로 소문이 나서 사람들에게 호감을 갖게 하였다. 배움의 기회가 주어지지 않았지만 마을 서당 밖에서 학동들의 글 읽는 소리에 아쉬운 듯 귀를 기울이곤 하였다.

반듯하게 성장한 문준경은 17세가 되던 해에 여느 규수들과 마찬가지로 혼례를 치르게 되었다. 암태면에서 조금 떨어진 증도면 등선리에 사는 정기운의 3남인 정근택과 얼굴 한번 보지 못한 채 부모님의 뜻에 따라 혼사가 이루어졌다. 이때가 1908년 3월이었다.

전통 혼례식에서 가마 타고
시집가는 장면

    그러나 문준경은 누구나 꿈꿀 수 있는 신혼의 단꿈을 꾸어보지 못한 것으로 알려졌다. 그것은 슬하에 자식이 없어 결혼생활이 평탄하지 않은 것은 분명해 보인다.
    이 대목에 관련하여 여러 가지 이야기들이 있지만 이 책에서 그리고 문준경 전도사의 순교사에서 특별히 결혼생활의 진위 여부가 언급되어야 할 이유가 없으므로 생략하기로 한다. 다만 당시 한국 여인들의 삶과 크게 무관하지 않을 것으로 보인다.

남편인 정근택은 신안군 임자면 부근 서해바다에서 어업을 생활의 방편으로 삼았던 것으로 밝혀져 있다. 곤궁한 살림은 아니어서 남들보다 윤택한 생활을 했던 것으로 보인다. 이는 정근택의 별명이 '서해안의 장보고'라고 불린 것으로 보아 그가 바닷사람으로 어떤 활동을 했으며 어떤 위치에 있었는지를 짐작하게 한다.

그런데 문준경은 남편을 따라 임자도로 간 것이 아니라 증도의 시가에서 시부모님을 모시고 20여 년을 살았다. 시아버지는 딴살림을 차린 아들 때문에 홀로 외로움을 견디며 살아가는 며느리가 가엾고 안타까워 한글을 읽고 쓰는 법을 가르쳐 주었다.

문준경은 책을 읽으며 새로운 세계에 대해 눈을 뜨며 외로움을 떨쳐버리려 했다. 바닷가 모래밭에 막대기로 글을 쓰며 자신만의 생활을 펼쳐갔다.

결혼을 하고도 남편하고 같이 살지 못하고 독수공방을 해오던 중에 자신을 끔찍이도 어여삐 여기며 사랑해 주시던 시아버지가 병환으로 눕게 되었다. 문준경은 자신이 의지할 곳은 시아버지밖에 없는지라 지극정성으로 간호했으나 안타깝게도 회복하지 못하고 세상을 떠나버렸다.

신앙의 열정과 새로운 생활

시아버지가 돌아가시자 시어머니는 큰시숙 댁으로 옮겨갔다. 문준경은 홀로 지내면서 외로움을 달래며 함께 살았던 큰시숙의 둘째 아들을 양아들로 삼아 키웠는데 장성하여 취직되어 서울로 가게 되었다. 혼자가 된 문준경은 살림살이를 정리한 후 목포에 있는 큰오빠 집 부근으로 이사를 갔다.

그러나 막상 혈혈단신으로 낯선 목포에 가서 새로운 삶의 둥지를 틀고 살아가기란 너무나도 힘겹고 외로운 생활이었다. 삯바느질로 살아가는 삶의 고단함보다도 더 힘들었던 것은 외로움과 희망이 없는 절망감이었다.

재봉틀

　이전까지는 그래도 시부모님이 곁에 있어 의지가 되었지만 다 떠나고 홀로 된 지금 정신적으로 너무 힘들고 외로웠다.
　그녀는 단칸 셋방에서 삯바느질을 하면서 생활하던 중에 지금의 목포 북교동교회인 목포교회에 출석하게 되었다. 어느 날 바느질을 하고 있는데 손님으로 생각하고 들였던 한 성도로부터 전도를 받게 되었다. 여러 가지 성경 이야기 가운데 예수님을 신랑으로, 우리를 신부로 비유하며 이야기하는 것이 마음에 파고들었고, 돌아오는 일요일에 꼭 교회에 가기로 약속하고 호기심으로 교회를 찾은 것이 하나님께 나아가는 첫걸음이 되었다.

그가 목포교회에 다니며 하나님을 영접한 일은 그의 일생에 있어 아주 중요한 전환점이 되었다. 순종을 미덕으로 알고 살아온 전통적인 한국 여인들의 삶의 방식에서 하나님과 자신의 존재를 일깨우는 전환점이 되었기 때문이다. 그리고 훗날 우리나라 기독교에 거룩한 순교의 역사를 쌓고 복음의 씨앗을 증도에 깊게 뿌리 내리게 한 하나의 시원을 이룬다.

외로움과 절망감을 달래기 위해 시간이 날 때마다 찾아간 교회는 그녀에게 도피처이며 피난처가 되었다. 처음 간 교회는 새로운 세계와 같았다. 많은 사람들이 모여 기도하고 찬송하는 모습들이 무척 낯설었다. 그러나 지금껏 알지 못하고 느껴보지 못한 즐거움과 기쁨이 있는 곳이었다.

노래 부르기를 좋아하는 문준경은 찬송하는 성도들의 모습에서 희망이 느껴졌다. 교회에 나가기를 잘 했다는 생각이 들었다. 찬송가 가사가 마음속에 파고들었다. 찬송가 가사를 음미하며 깊은 신앙의 세계로 빠져들었다. 신앙은 그에게 큰 위로가 되었다.

처음 본 사람을 따뜻하게 맞아주는 성도들의 마음에서 훈훈한 인정이 느껴졌다. 이제는 혼자가 아니라는 생각을 갖게 되었다.

문준경은 처음으로 자신의 인생을 바라보게 되었다. 그리고 예수 그리스도야말로 가엾은 인간을 구원해 주기 위해 이 땅에 오셨다는 것이 눈물 나게 감사했다. 그래서 하나님께 자신의 상처를 치유해 주고 보다 밝고 희망찬 세계로 인도해 주시기를 위하여 간절히 기도했다. 그렇지만 뾰족한 방법이 없었다.

당시 목포교회는 양동교회에 이어서 목포에서 두 번째로 복음의 씨앗이 싹을 틔운 유서 깊은 교회였다. 이때 장석초 전도사가 담임하고 있었는데 그는 충남 서천군 남포읍에서 부잣집 외아들로 태어나 교직생활을 하다가 그만두고, 뜻이 있어 당시로는 늦은 나이인 40대에 신학교에 진학한 분이었다.

유교적 전통이 깊은 집안에서 기독교를 수용하는 일이 쉽지 않았지만 강권적인 하나님의 역사로 교회에 나가게 되었고 집안의 반대에도 불구하고 마침내 신학교를 거쳐 목회의 길에 들어서게 되었으니 이는 하나님의 뜻이 아닐 수 없었다.

부모로부터 만석꾼이라는 거대한 재산을 물려받았지만 헛된 세상에 마음을 두지 않고 전 재산을 처분하여 목포교회를 설립하였으니 그의 용기가 대단하고 그 포부가 범상하지 않았다. 당시 일제 강점기라는 시대적 상황과 유교적 전통이 지배하는 시대임을 볼 때 그는 우리나라 기독교 역사에 뚜렷한 족적을 남긴 분이 분명하다.

장석초 전도사가 목포교회를 설립하고 훗날 문준경을 신앙의 길로 이끌어 순교자로 배출한 것조차 하나님의 역사 가운데 이미 예비하신 것으로 보인다.

문준경은 장석초 전도사로부터 학습을 받고(1928년 6월), 열심히 신앙생활을 하던 중 절차를 밟아 세례를 받고 1년 후에는 집사 직분을 받음으로써 하나님의 신실하고 성실한 종으로 거듭나게 된다.

장석초 전도사가 1929년 7월 15일부로 압해도 교회로 가게 되자 김응조 목사가 1929년 8월에 목포교회로 부임해왔다. 그가 목포교회에서 약 2년간 담임을 하는 가운데 문준경 집사는 영적으로 많은 성장을 하게 되었다. 27세로, 문준경 집사보다 십 수 년 젊은 김응조 목사는 부임 첫 인사가 독특하였다.

"나 여기 죽을 자리를 찾아 왔소."

젊은 나이지만 조국의 독립을 위해서 항일운동을 하다가 체포되어 옥고까지 치른 김응조 목사는 몸을 돌보지 않고 사력을 다하다가 지병을 얻어 쫓기듯 목포교회로 오게 된 것이다. 이는 그의 말처럼 온몸을 던져 죽기를 각오하고 목회하기로 마음먹은 까닭에 죽을 자리를 찾아 왔다고 부임 인사로 고백한 것으로 이해된다.

김응조 목사의 신앙에 대한 뜨거운 열정은 마침내 자신의 병마조차 이겨내기에 이른다. 그 당시에는 전국적으로 산기도를 많이 하던 때였음을 기독교 역사를 통해 엿볼 수가 있다. 김응조 목사도 목포 유달산 바위 위에 올라 저녁마다 기도에 열중하였다.

그러던 어느 날 기도하는 중에 몸이 뜨거워지고 새털처럼 가벼워지는 것을 느꼈는데 그것은 다름아닌 성령의 치유 역사가 일어나는 시간이었다. 지금껏 자신을 힘들게 했던 몸에 지닌 모든 지병이 한꺼번에 떠나간 것이다.

그때를 회상하며 간증하기를 '내 몸에 있었던 일곱 가지 지병이 한꺼번에 떠나갔다'고 한다. 김응조 목사는 이렇듯 구원의 역사를 베푸시는 하나님의 기적을 간증하며 '나는 이제 모세의 나이까지는 살겠다'고 우스갯소리까지 했다고 한다.

성령의 치유하심을 체험한 김응조 목사는 그때부터 교회 부흥을 위해 몸을 사리지 않고 저술 활동과 신유의 은사와 성경의 가르침을 전하는 데 의욕을 가지고 열심을 다하였다. 그러자 성도들이 그를 더욱 존경하며 그의 가르침에 전적으로 순종하였다.

몇 번의 인사 이동과 학교에서 교수로 재직하며 30여 년의 세월을 오직 하나님만을 바라보며 목회하였다.

그러나 왕성하게 목회를 하던 중 안타깝게 교단이 나누어지는 (1960~1961년 사이) 아픔을 겪으며 안양으로 내려가게 되었고, 그곳에서 성결대학을 설립하고 생애 마지막까지 강단과 교단을 지키며 한국 교단에 지대한 영향력을 끼쳤다. 96세까지 장수하다가 하나님의 부르심을 받았으니 그의 일생은 한국교회와 우리 민족의 사표가 되기에 충분하다는 평가를 할 수 있다.

잠든 섬을 깨우다

문준경 집사는 열심히 신앙생활을 하면서 전도인으로 교회에서 허락을 받고 교회 주변은 물론 압해도와 암태면 고향 곳곳으로 다니며 복음을 전하였다.

아직도 어둠 속에서 미신과 유가적 관습에서 깨어나지 못하고 살아가는 고향 사람들을 불쌍하고 안타깝게 여긴 문준경 집사는 친정 부모님이 계시는 고향집으로 달려갔다. 부모님을 비롯하여 고향 사람들을 미명에서 깨어나게 하고 싶은 설레는 마음으로 마당에 멍석을 깔고 모인 사람들을 향해 이렇게 말하였다.

"제가 지금까지 살아온 삶은 헛된 것이었습니다. 잠깐이라도 좋으니 제 이야기를 들어 보십시오."

이렇게 말하고 찬송을 하였다. '예수 사랑하심은', '죄짐 맡은 우리 구주, '아름다운 본향 천국 바라보며' 등등 몇 곡을 진심 어린 마음으로 정성을 다해 불렀다. 그러자 아버지께서 "내 딸이지만 저렇게 열성으로 잘 부르는지 몰랐구나" 하시는 것이었다.

찬송을 하고 복음을 전하는데 마치 불을 토하듯 열변을 쏟아내는 모습이 거기 모인 사람들의 혼을 쏙 빼놓을 정도였다. 그러나 문준경의 아버지는 딸의 찬송이나 설교가 열성적이어서 자신의 딸이 대단해 보이긴 했지만 유가적 전통의 관념을 삶의 중심 개념으로 삼고 살아왔는지라 마음이 심히 불편했다.

마치 마술에 걸린 듯 딸의 설교에 잠시 정신을 빼놓고 듣고 있다가 불현듯 이러다간 큰일 나겠다는 생각이 정신을 번쩍 들게 하였다. 그래도 인근에서는 할아버지가 진사까지 지낸 뼈대 있는 가문으로 여겨왔는데 딸이 남편으로부터 쫓겨나서 희한한 서양 종교에 빠져 친정식구들을 전도하려 하니 보통 일이 아니었다.

아버지는 그런 생각이 스치자 얼른 뒷간으로 달려가 바가지에 똥물을 담아 와서 딸에게 뒤집어 씌우고 버럭 소리를 질렀다.

"너는 내 딸이 아니다. 당장 나가거라."

아버지에게 오물세례를 받고 쫓겨난 문준경 집사는 친정식구들이 쉽게 하나님을 영접하지 못하는 것이 안타까웠지만 실망하지 않고 전도하기를 포기하지 않았다. 시간이 날 때마다 끈질기게 찾아가 복음을 전하면서 마음을 돌리려 했다.

"지성이면 감천"이라는 말처럼 딸의 진심 어린 설득에 감화되어 마침내 친정아버지도 예수를 믿게 되었다. 이러한 증언은 문준경 전도사의 수양딸인 고 박복엽 권사로부터 들을 수 있었다.

문준경 전도사는 복음을 전하며 사람들을 신앙의 길로 인도하고 다니면서도 마음 한 켠에는 왠지 모르는 허전함이 늘 자리해 있었다. 성경 지식의 한계를 느낀 것이다. 예수님을 영접한 지 오래되지 않은 까닭도 있지만 천성적으로 지적 호기심이 강한 데다가 더 많은 사람들에게 복음을 전하기 위해서는 체계적인 신앙 교육을 받아야겠다는 생각이 들었다.

이즈음에 목포교회에 이성봉 목사가 부임해 왔다. 그는 초교파적으로 부흥회를 인도하고 다녔다. 당시 부흥회는 월요일부터 토요일까지 하는 경우가 많았고 본 교회에서는 겨우 주일만 지키는 일이 다반사였다. 1930년대부터 한국교회의 부흥을 주도했던 분들이 많았지만 그 중에서도 이성봉 목사와 박재봉 목사를 문준경 전도사는 기억하고 있었다. 이 두 분에게서 가장 영향을 많이 받았다고 전한다.

목포교회의 성도들 중에 열성적이며 적극적으로 신앙생활 하는 문준경 집사가 단연 눈에 띄었다. 이성봉 목사는 문준경 집사에게 "문 집사님, 내가 하는 부흥회에 가서 특송 한번 하지 않겠습니까?" 하고 요청하였다.

노래 부르기를 워낙 좋아한 데다가 이성봉 목사님의 부흥회에 참석하고 싶은 마음이 간절했기에 흔쾌히 그의 요청을 받아들인 문준경 집사는 그때부터 이성봉 목사의 부흥회를 열심히 따라 다녔다. 마치 요즘의 찬양 사역자들처럼, 문준경 집사가 찬양을 하고 나면 이성봉 목사의 주옥 같은 말씀이 이어지고 성령의 충만함이 더해져 부흥회 현장은 그야말로 은혜의 도가니가 되었다.

경성성서신학교에 입학하다

이성봉 목사의 부흥회를 따라다니며 많은 은혜를 받은 문준경 집사는 이성봉 목사에게 신학공부를 하고 싶은 마음을 내비쳤다. 그러자 이성봉 목사도 문준경 집사의 말에 동의하였다. 이렇게 해서 문준경 집사는 서울 아현동에 있는 경성성서학원(지금의 서울신학대학교의 전신)의 문을 두드리게 되었다.

오늘날은 지방에서 서울의 학교에 진학하는 일은 다반사이다. 그러나 당시에는 섬에서 육지로 나가는 것도 어려운데 서울에 있는 학교에 간다는 것은 매우 드물고 힘든 일이었다. 더군다나 여자가 40세가 되어서 학교에 다닌다는 것은 있을 수 없는 일로 여겨졌다.

또 그 당시 신학교에서는 유부녀를 학생으로 받을 수 없는 학칙이 있었다. 문준경 집사는 혼자 살고 있었지만, 호적에도 이혼한 사실이 없었으므로 법적으로는 아직 남편이 있는 유부녀의 신분이었다. 뿐만 아니라 문준경 집사는 지금껏 학교를 다녀본 적이 없어 학교 입학에 필요한 졸업장이 없는 까닭에 신학교에 입학할 자격이 갖춰지지 않았다.

그래도 공부하고 싶은 마음이 굴뚝 같아서 궁여지책으로 청강생으로 수업에 참여할 수 있게 되었다. 수업만 들을 수 있을 뿐 출석부에는 이름이 없을 뿐더러 졸업장도 받을 수 없었다.

처음에는 청강생일망정 하나님을 더 깊이 알아가고 신학을 공부한다는 자부심에 기쁜 마음으로 열심히 공부하였다. 그렇지만 청강생의 신분은 여러 가지로 불편하고 현실적인 어려움을 주었다. 청강생은 언제든지 그만둘 수 있었을 뿐만 아니라 법적으로 학교와는 아무런 상관이 없었다. 말 그대로 학교에서 수업을 들을 수 있는 자격만 부여받았을 뿐이다.

그러다 보니 청강생은 일반 학생들처럼 기숙사에도 들어갈 수 없었다. 그렇다고 생활이 넉넉한 것도 아니어서 여간 어려움이 많은 것이 아니었다. 그래서 공부하면서 학생들 밥하는 것을 거들고, 빨래와 설거지, 그리고 학생들 옷을 수선하는 일들을 도맡아 하였다. 이때가 1931년, 문준경 전도사의 나이 40세였다.

 청강생으로 공부한 지 2년 정도 지났을 무렵, 문준경 전도사는 아무리 공부할 수 있는 여건이라 해도 불편한 것이 한두 가지가 아니었다. 무엇보다도 졸업장도 없는 학교를 나와 할 수 있는 일이 거의 없음을 알고 이성봉 목사에게 정식 학생으로 등록하여 공부할 수 있게 해달라고 졸랐다.
 이성봉 목사는 "평생을 살아오면서 남의 빚보증도 한번 안 서 본 내가 문 집사 때문에 사람 보증을 서보게 된다"라고 하면서

경성성서학원 앞에서 전교생들

신학교 학장을 찾아가 "학장님, 이 학생이 잘못되면 내가 모두 책임을 질 것이니 나를 봐서 정식 학생으로 등록시켜 공부하게 해 주십시오!"라고 특별히 부탁하였다.

아현동에 있었던 경성성서학원 건물

오늘날 같으면 말도 안 되는 이야기지만, 학교에서는 이성봉 목사의 부탁을 받고 교무회의를 열어 예외적으로 문준경을 정식 학생으로 받아들여 면학의 길을 열어주었다.

경성성서학원의 학제는 3년제였다. 1년의 절반인 6개월은 신학 공부를 하고 나머지 6개월은 각자 고향이나 연고가 있는 곳으로 가서 복음을 전파하는 현장 실습을 해야 했다.

진리교회를 세우다

　문준경 전도사는 학제에 따라 6개월의 방학 기간을 통하여 남편이 살고 있는 임자도에 내려가 교회가 없는 섬에 교회를 개척하고자 하는 꿈을 이루기 위해 방도를 찾기 시작했다. 그러나 임자도에는 아는 사람도 없을 뿐더러 집을 얻을 형편도 안 되었다.
　그래서 발품을 팔아 기숙할 곳을 찾던 중 박처자(저자의 친 외할머니)를 만나게 되었고, 이야기하던 중 두 사람이 동갑내기라는 공통점을 발견하고 이를 빌미로 집에 머물 곳이 있는지를 알아보게 된다.

　문준경 전도사는 박처자의 남편인 박성복(저자의 외할아버지)에게 이 집에서 머물게 해달라고 사정을 하였고, 박성복은 한 가지

조건을 내걸었다. 그것은 자신의 가족에게는 절대 전도하지 말라는 것이었다. 문준경 전도사는 그렇게 하겠다 약속을 하고 박성복의 집에서 생활하게 되었다.

문준경 전도사는 온갖 어려움을 극복하고 임자도 진리마을에 처음으로 교회를 세웠다. 일제가 잔학하게 우리 민족을 탄압하던 1933년 봄날의 일이었다. 교회에 처음 등록한 성도는 이판일과 이판성 형제였다. 이 두 사람은 훗날 진리교회의 커다란 기둥으로 성장하게 된다. 이것은 모두 척박한 땅에 복음의 씨앗을 뿌리고 키우게 한 하나님의 역사가 아닐 수 없다.

지금의 임자진리교회

진리교회는 하나님의 도우심으로 점점 부흥하였다.

한편 박성복과 했던 약속은 몇 개월이 지나자 자연스럽게 지켜지지 않게 되었고, 박처자와 그의 자녀들(저자의 어머니를 포함한 이모부들과 이모들)과 나중이지만 박성복까지 예수를 믿게 된다.

먼저 교회에 출석한 박처자가 남편인 박성복 몰래 좀두리 주머니(일명 성미주머니)를 교회에 가지고 가다가 들키고 말았다. 그러자 박성복이 그의 아내에게 "당신이 믿는 예수라는 양반이 가져오라고 하더냐? 예수라는 양반은 그렇게 통이 작더냐, 어디 그래가지고 밥이나 먹고 살겠냐? 그러지 말고 가을이 되면 가마니로 가져다 주거라" 했다고 한다.

나의 외할아버지가 기독교 신앙에 대해 호감을 보여 주는 에피소드 한 대목에서 인간 문준경에 대한 호의적인 감정이 느껴진다. 문준경 전도사에게는 접촉과 친화력의 영이 흐르고 있어 누구를 만나든지 기필코 예수를 믿게 하고야 마는 사람이었다. 이는 수많은 사람들의 영혼을 구원하겠다는 의지에서 비롯된 것으로 이해할 수 있다.

진리교회에 맨 처음 등록한 이판일, 이판성 형제는 물심양면으로 교회와 문준경 전도사를 힘껏 도왔다. 나무를 해도 먼저 전도사님이 땔 나무를 해놓고, 물을 길러도 전도사님 항아리에 먼저 물을 채워다 놓곤 하였다. 그러니 하나님이 복 주시지 않겠는가?

2년 정도 열심히 복음을 전한 결과 교회는 점점 부흥해갔으나, 문준경 전도사는 임자도에만 머물 수가 없었다. 당시 증도에도 아직 교회가 없었기 때문에 늘 마음에 큰 짐으로 안고 있었다. 그때까지 증도는 무속신앙이 섬사람들의 영혼을 지배하고 있었다. 그 당시 증도에는 우리나라에 있는 모든 우상과 다른 종교들은 다 있는데 다만 교회만 없었다고 전해진다.

증도는 마치 소돔 성과 같았다고 한다. 농한기가 되면 곳곳에 놀음판이 생기고 술판이 벌어져서 한 해가 지나고 나면 토지 소유가 바뀔 정도로 심했다고 한다. 바다를 삶의 배경으로 삼고 살아가는 섬 사람들이기는 하지만, 심지어 밥상 위에 생선이 올라와도 그것을 먹으려고 뒤집지를 못했다.

왜냐하면 그것을 뒤집으면 바다에 나가 있는 배가 뒤집힌다고 믿었고, 과일 배도 쪼개지 못한 것이 그 배 쪼개면 바다에 떠있는 배가 쪼개진다고 믿었을 정도다. 그만큼 우상의 문화가 강성한 지역이었다. 썩은 나무토막도 우상이고 바위도 우상이었다.

예전에 몸담고 살았던 증도가 우상을 섬기며 사람들이 죽어가고 있는 것이 문준경 전도사의 환상 중에 보이곤 하였다. 이는 증도 사람들을 죽음의 늪에서 건져내라는 하나님의 명령으로 들려졌다.

문준경 전도사는 이판일 형제에게 진리교회를 사역하도록 맡기고 증도로 가기를 희망하였다. 그때 당시 섬에는 목회자가 올 자원도 없고 목회자를 모실 상황도 아니었으며, 이판일 형제에게 교회를 맡겨도 잘 이끌어갈 수 있다고 생각하였기 때문이다. 그때부터 섬 지역의 교회들은 평신도 사역자들이 이끌었던 것이다. 오늘의 평신도 지도자 상을 여기에서 찾아볼 수 있다.

이판일 형제와 48인의 순교

　진리교회는 훗날 한국전쟁 때 교회가 통째로 순교의 제물로 바쳐지는 현장이 된다. 전쟁이 일어나고 얼마 안 가서 임자도에도 공산군이 들어와 온 지역을 점령하였다. 그리고 각종 모임이 해산되고 제재가 가해지는 중 교회의 모임마저 갖지 못하게 되었다. 그러나 신앙의 열정만은 막을 수가 없었다.

　1950년 10월 4일 수요일 밤 예배를 드리기 위해 교인들이 교회로 모여들었고, '교회는 아편이다'고 생각한 공산주의자들은 자신들의 말을 안 듣고 예배드리러 모인 48명의 성도들을 교회 밖으로 무자비하게 잡아 끌어냈다.
　그때까지도 모두를 죽일 생각은 아니었던 것 같다. 전 교인을 몰살할 생각이었으면 교회당에 불을 지를 수도 있고, 교회 마당에서 처형할 수도 있었을 텐데 48명을 교회에서 10킬로미터가 넘는 백사장으로 끌고 갔으니 말이다.

가는 도중에 공산군들이 말한 한마디는 '이중에 누구든지 손 들고 예수 안 믿겠다고 한 마디만 하면 살려 주겠다'는 것이었다. 그래도 어른은 물론이고 어린 아이들까지도 그 말에 동조하는 이가 없었다고 한다.

공산군들은 자기들의 말이 권위를 잃으면 이 지역을 지배하기가 힘들 것을 알고, 끌고 가면서도 도중에 예수를 배교하는 자들이 생기면 다른 사람들도 마음이 바뀔 것이라 생각했던 것 같다. 그러나 오산이었다. 어느 누구도 배교하지 않고 오히려 기도하고 찬송을 부르며 묵묵히 순교현장으로 나아갔다.

이 세상 그 어느 누구도 죽고 싶은 마음은 없을 것이다. 자신의 목숨이 소중하기 때문이다. 그러나 그들은 우리의 죄를 대신하여 죽기 위해 십자가를 지고 골고다 언덕으로 오르던 예수님의 거룩한 희생을 떠올렸을 것이다.

가는 길이 죽음의 길이지만 죽음으로써 생명을 얻고 구원받을 수 있음을 모두가 기억하고 있었다.

그 가운데에는 일곱 살, 여덟 살, 그리고 아홉 살짜리 어린아이들도 있었다. 끌려가는 48명 중에는 16세 이하가 무려 26명이나 되었다.

이판일 장로는 68세의 노모를 등에 업고 걸어갔다. 사방이 어두운 밤길이어서 걷다 발을 헛디뎌 넘어질 뻔하자 등에 업힌 노모가 "아들아, 넘어지지 않게 조심하거라" 하더란다. 그런데도 어느 누구 하나 흐트러짐 없이 길을 걸어갔다.

마침내 바닷가 백사장에 도착하였다. 공산주의자들은 마지막으로 묻는다.

"이중에 누구든지 예수 안 믿겠다고 말하면 살려주겠다."

그래도 아무도 변절자가 없었다. 마침내 말하기를 "너희들이 죽을 곳이다. 묻힐 자리를 파라"고 명령했다. '설마 죽이기야 하겠는가' 하는 생각을 가졌지만 막상 죽을 자리를 파라고 하자 사람들은 '이젠 꼼짝없이 진짜로 죽는가 보다' 하고 두려운 마음이 들었다.

그러나 이판일 장로를 비롯한 13명의 가족과 성도들은 저항하지 않고 끝까지 순결한 마음으로 하나님의 거룩한 이름을 지키며 순교하였다. 공산주의자들은 목회를 했다는 이유로 이판일 장로의 가족을 몰살시켰다.

여기에 거룩하고 숭고한 48명의 명단을 기록한다.(그 당시 나이)

이판일(52) 이판성(49) 임소애(68) 김소예(50) 남경엽(48) 이소엽(26)
이인택(23) 고성녀(25) 이인호(22) 이평제(23) 이선철(9) 이길제(7)
이성재(7) 이완수(9) 박생금(35) 이점순(29) 황필성(23) 김득수(28)
김선자(26) 한명수(16) 한영자(18) 한희수(18) 김종선(28) 김종수(22)
김말수(12) 김군자(15) 김유신(13) 김경용(10) 김경수(8) 정우용(11)
정유용(13) 주판예(26) 박선자(14) 황순범(13) 황순복(11) 정금순(16)
정미순(11) 김춘자(14) 이인근(14) 박연옥(14) 박화순(11) 황지서(16)
황지사(13) 김동춘(38) 이해철(16) 이점순(16) 고부덕(30) 김차동(26)

이중에 13명이 이판일 장로의 일가족이었다.

불행 중 다행으로 이판일 장로의 아들 이인재는 홀로 살아남았다. 목포에 나갔다가 10월 4일이 지난 후에 목포에서 들어왔기 때문이다. 이 또한 하나님의 뜻이 아닐 수 없다.

참사가 끝난 뒤 돌아와 보니 눈앞에 이미 비극적인 일이 벌어지고 만 것이다. 그러나 청년이었던 이인재는 어찌할 수가 없었다. 분노를 삼키고 애를 태우고 있을 때 국군이 임자도를 수복하여 자유의 섬이 되었다.

임자도를 수복한 국군은 진리교회에서 일어난 참극을 파악하고 가해자들을 청년 이인재 앞에 결박하고 무릎 꿇렸다. 그리고 이인재에게 부모와 가족의 원수들이니 죽이든 살리든 알아서 하라며 총을 손에 쥐어줬다.

이인재는 온 가족이 짐승 같은 놈들에게 비명에 간 것을 생각하니 당장 총으로 모조리 쏘아 죽이고 싶었다. 그런데 총을 겨누고 방아쇠를 당기려고 하는 순간, 하나님의 음성과 아버지의 음성이 동시에 천둥번개처럼 들려왔다.

"인재야! 인재야! 총을 버리고 그들을 용서하라!"

그 음성을 들은 청년 이인재는 "원수를 사랑하라"는 말씀처럼 불구대천 원수들에게서 총을 거두었다. 그리고 그들을 주님의 마음으로 용서했다.

이판일 장로　　　　　이인재 목사

이인재가 가족을 몰살시킨 원수들을 용서했다는 소문이 온 동네에 삽시간에 퍼지자 모든 사람들이 감동하지 않을 수 없었다.

그즈음 임자도에서는 3천여 명이 죽임을 당했다. 한바탕 평화로운 섬에 피바람이 휘몰아치고 간 것이다.

이인재가 용서했다는 소문이 퍼진 다음날에 또다시 3천여 명을 죽이기로 계획된 살생부가 있었다고 그 시대의 사람들은 전한다. 그러나 이인재가 원수들을 용서했다는 그 소문에 3천여 명이 목숨을 건지게 된 것이다.

한국전쟁 시기에 아무런 죄 없는 양민들이 하나님을 믿는다거나 공부를 많이 했다거나 좀 살 만한 집안이라고 해서 무자비하게 학살당하였으니 모두가 평등하게 잘 사는 세상을 만들겠다고 하는 그들의 이념이 얼마나 허구인지를 여실히 증명한 셈이다.

임자도에서는 한국전쟁 이후에도 그런 참극으로 인해 보복사건이 있었다는 말을 지금껏 전해 들은 바가 없다. 이는 참으로 순진하고 착한 사람들이 사는 섬이었기 때문이기도 하지만 이인재 청년의 용서의 사건 때문인 것이다.

이인재는 이후로 신학 공부를 하여 하나님의 선한 종으로써 귀한 사명을 감당하며 살았다.

그후 이인재 목사는 하나님의 이름을 거룩하게 지키다 순교한 아버지 이판일 장로가 생명처럼 아끼던 임자도 진리교회에서 사역을 하게 된다. 그리고 문준경 전도사가 이 세상에 순교자로 알려질 수 있도록 많은 노력을 하였고, 자신에게 신앙의 길을 인도했던 문준경 전도사가 사역했던 증동리교회에서도 사역하였다. 그러다가 2009년 86세의 일기로 소천하였다.

하나님은 이판일 장로의 집안을 순교자의 가정으로 세상에 다시 드러내기를 원하셨는지 2012년 5월 27일 중국으로 넘어가던 강호빈 선교사가 교통사고로 순교하였는데, 그가 바로 이인재 목사의 사위(이인재 목사의 딸 이성심의 남편)이다.

지금도 이인재 목사의 자녀들은 모두 목회현장에서 복음을 전하고 있으며, 때가 되면 하나님께서 임자진리교회의 순교의 사실도 이 세상에 드러내어 성도들의 귀감이 되게 하실 것으로 기대한다.

멀고 험한 복음의 길

　문준경 전도사는 진리교회가 부흥하고 교회의 모습을 갖추게 된 지 2년 후인 1935년에 증도로 건너왔다. 증도는 남편과 헤어져 20년 동안 시부모를 모시고 살았던 젊은 시절의 애환이 깃든 곳이다. 자신의 인생에서 가장 쓸쓸하고 외로운 시절 어여삐 사랑해 주시던 시아버지를 여의고 생활의 근거지를 목포로 옮긴 것은 다시는 증도에 발을 내딛지 않겠다는 다짐에서였을 것이다.

　그런 애환의 땅에 다시 살아있는 생명의 말씀을 가지고 영혼 구원의 열망을 품고 들어오게 되었으니 이 또한 하나님의 강권적인 역사가 아닐 수 없다. 이러한 일이 어찌 우연이겠는가.

　지금까지의 모진 세월은 뜻있는 데에 쓰임받기 위한 훈련 기간이었던 것이다.

이제 전쟁터에 내보내진 것처럼 증도에 다시 발길을 돌린 것은 이리 가운데로 들어간 양과 같은 것이었다. 그래도 20년간 몸담고 살아왔으니 생명의 말씀을 전하면 쉽게 받아들일 것이라는 실낱 같은 희망을 가졌다. 그러나 그것은 착각이며 잘못 판단한 것이었다. 척박한 땅에 교회를 세우는 일을 그렇게 결사적으로 반대할 줄은 전혀 생각하지 못한 일이었다.

처음에는 문준경 전도사 자신이 즐겨하는 찬송을 부르며 동네에 들어섰다. 그러면 동네 사람들이 나와서 반갑게 맞이했다. 지금껏 들어보지 못한 노래였기에 신기해하면서 호기심을 갖고 더 불러 달라고도 하고 가르쳐 달라고도 하였다. 문준경 전도사는 더욱 신이 나서 찬양을 가르쳐주었다. 그렇지만 그것이 장차 핍박의 빌미가 될 줄은 몰랐다.

다음을 기약하고 다시 찾아갔을 때는 완전히 태도가 돌변해 있는 것이었다. 장정들이 달려와서 머리채를 잡고 동네 골목길을 질질 끌고 다니면서 "이년이 우리 동네에다가 교회를 세워서 우리 모두를 망하게 하려는구나" 하고 소리쳤고, 곱게 단장한 저고리와 치마를 찢어 속살을 드러내고 수치심을 불러일으켰다. 그러면서 "당장 나가라. 우리 동네에는 절대로 교회를 세울 수 없다"고 엄포를 놓았다.

문준경 전도사가 물러설 기미를 보이지 않자 무자비하게 몽둥이로 몰매를 때리고 더 심하게는 똥물을 퍼다가 끼얹었다.

문준경 전도사는 한때 자신의 청춘을 바치며 독수공방하면서 시부모님을 20여 년이나 모신 정든 곳이어서 하루빨리 이곳에 복음을 전하고 교회를 세워야겠다는 일념으로 부푼 가슴을 품고 섬에 들어왔다.

그런데 동네를 떠났다가 몇 해 만에 돌아온 사람이 갑자기 전도사가 되어 교회를 세우겠다고 하니 동네 사람들이 옛 정은 몰라라 하고 온갖 핍박을 다한 것이다. 하물며 낯선 동네에서는 이보다 더한 핍박으로 문준경 전도사의 복음 전도의 뜻을 꺾으려 했다.

문준경 전도사는 그래도 끝까지 포기할 수 없는 이유가 있었다. 쫓겨나다시피 한 이 땅에 다시 들어올 때는 이만한 각오 없이 온 것이 아니었지만 그래도 이렇게 심한 핍박이 있을 것이라고는 예상치 못했다.

문준경 전도사는 예수님이 창에 옆구리가 찔리고 채찍질 당하고 조롱받은 것에 비하면 자신이 받는 핍박은 아무것도 아니라 생각하고 참아 내었다. 하나님이 주신 은혜가 더 컸기 때문이다. '예수님이 나를 위하여 십자가에서 못 박혀 피 흘려 죽어 주셨는데, 이런 핍박쯤이야 견뎌낼 수 있다'고 생각하였다.

그럼에도 불구하고 예수님도 때로는 울기도 하셨듯이 모진 핍박에 참 많은 눈물을 쏟아내었다. 그러면서 마음속에서는 찬송이 울려퍼졌다.

필자의 책 중에 《순교자의 노래》라는 복음성가집이 있는데 문준경 전도사가 늘 부르고 다녔던 찬양 97곡이 수록되어 있다. 그 많고 많은 찬양들을 다 머릿속에 외우고 다니면서 불렀던 것이다.

증도로 들어오는 노둣길에서, 죽음의 위험을 무릅쓰고 쪽배를 타고 다니면서 불렀고, 상정봉으로 기도하러 다니면서, 마지막에는 순교의 현장으로 끌려가면서, 죽음의 현장에서도 불렀던 노래들이다. 그중 몇 곡을 여기에 수록한다. 지금도 증동리교회에서는 많이 즐겨 부르는 찬양이다.

한국교회도 신앙의 회복이 중요하듯이 찬송과 찬양의 회복도 중요하리라 생각한다. 그때가 되면 이런 노래들이 크게 불릴 것이라 확신한다.

주님과 못 바꾸네
(찬송가 '황무지가 장미꽃같이' 곡으로 부른다)

1. 세상에는 눈물뿐이요 고통만이 닥쳐온다
   내 심령은 예수님으로 기쁜 찬송 부르네

   후렴: 나는 예수님으로써 참만족을 누리네
   　　　　천하영광 다 준대도 주님과는 못 바꾸네

2. 한숨 쉬는 불행이 변해 기쁜 찬송이 되고
   괴로움을 주던 환경이 천국으로 화했네

3. 금은보화 준다 하여도 예수님만 못하고
   명예지위 좋다 하여도 주님만은 못하네

4. 속지 마라 세상허영에 마음 뺏기지 마라
   세상 것은 일장의 춘몽 물거품과 같도다

5. 부귀영화 꿈을 꾼대도 벌써 옛날이 되고
   오늘에는 예수님으로 참만족을 삼았네

6. 노래하는 모든 새들아 너희 기쁜 그것이
   내가 구속 받은 기쁨을 당하지는 못한다

7. 아름답게 피는 꽃들아 네가 암만 고와도
   세마포로 단장하여진 나와 비교 못한다

필자는 이 찬양을 음미하며 문준경 전도사가 어떤 마음으로 복음을 전하려 했는지를 생각해 본다. 이 찬양의 가사가 말해 주듯, 세상이 고통스러운 곳이어서 아무리 부귀영화를 누린다 해도 모두가 헛된 것이니 하나님 나라를 하루빨리 만들어야겠다는 문준경 전도사의 결의가 엿보인다. 그렇기 때문에 핍박이 심하면 심할수록 복음의 열정은 더 뜨거워져 갔던 것이다.

주님 한 분만으로
(찬송가 '예수 나를 위하여' 곡으로 부른다)

1. 아름답다 예수여 나의 좋은 친구
   날 위하여 죽음과 나 위하여 사셨네

   후렴: 예수님 내 주여 내 중심에 오셔서
   　　　　주님 한 분만으로 만족하옵니다

2. 나의 모든 일절은 주님의 것 되고요
   주님 모든 일절은 나의 것이 되시네

3. 예수 없는 사업은 성공 같되 실패요
   예수 있는 생활은 만사 유익합니다

4. 예수님은 내 생명 또한 나의 기쁨
   예수 없는 내 생명 잠시라도 못 사네

5. 아침에는 예수로 눈을 뜨게 하시고
   저녁에는 예수로 잠을 자게 하시네

6. 밖에 나가 일할 때 주님 감독하시고
   집에 홀로 있을 때 예수사랑 한없네

7. 물을 떠난 고기가 혹시 산다 하여도
   예수 떠난 심령은 사는 법이 없어요

8. 예수 없는 천국은 내가 원치 않고요
   예수 있는 지옥도 내가 싫지 않아요

9. 동남풍아 불어라 서북풍아 불어라
   가시밭의 백합화 예수 향기 날린다

10. 저 산 밑에 백합화 빛나는 새벽별
    가시밭의 백합화 예수향기 날린다

11. 예수 죽음 내 죽음 예수 부활 내 부활
    예수 승천 내 승천 예수 천국 내 천국

12. 사모하는 천국집 지금 찾아 가오니
    영원무궁 하도록 주와 같이 살리라

13. 거룩함과 인내로 신혼집을 단장코
    공중혼인 그날을 매일 고대합니다

성신의 경고
(찬송가 '내가 매일 기쁘게' 곡으로 부른다)

1. 처음사랑 내버린 에베소 교우들아
 어디에서 잃었는가 찾아라
 이기는 자 낙원에 생명과를 주리라
 일곱 별 가지신 주 말씀

 (후렴) 성신이 외친다 여러 교회 하시는 말씀
 귀가 있어 들을 자 누구든지 들어라
 때가 가까왔음이로다

2. 환난 중에 성도들 서머나 교우들아
 너 죽도록 주님께 충성하라
 이기는 자 생명의 면류관을 주리라
 죽었다가 사신 주 말씀

3. 진리를 잃어버린 버가모 교우들아
 발람이와 니골라를 버려라
 이기는 자 감췄던 만나와 힌 돌 준다
 날 센 검 잡으신 주 말씀

4. 순결을 잃어버린 두아디라 교회여
 음행한 여인 같은 죄 회개
 이기는 자 만국을 다스리는 권세와
 새벽별 주리란 주 말씀

5. 살았으나 실상은 죽은 사데 교회여
　너는 일깨어서 일어나거라
　이기는 자 흰옷을 입고 영원 살리라
　풍성한 생명의 주 말씀

6. 형제사랑 불타는 빌라델비아 교회
　책망 없고 칭찬받는 행위뿐
　이기는 자 성전 기둥 되게 하리라
　거룩한 권세의 주 말씀

7. 성령 없는 가련한 라오디게아 교회
　칭찬 없고 책망뿐이로구나
　회개하라 이기면 보좌에 같이 앉자
　성실한 약속의 주 말씀

중동리교회를 세우다

  문준경 전도사는 중동리에 교회를 세우는 것이 증도를 복음화할 수 있는 전초기지가 될 것을 확신하며 사력을 다해 핍박을 이겨내고 교회를 세우려고 기도하고 노력하였다.

  그러던 어느 날, 마침내 하나님은 문준경 전도사의 기도에 응답을 주신다. 증동면 소재지에 살고 있던 시숙 되는 정영범이 "전도사님, 우리 교회 세웁시다" 하면서 임시로 살고 있는 초가집을 교회로 정하고 그곳에서 함께 예배드리기로 한 것이다.

  예배당을 마련하기 위한 기도가 시작되었으나 재정 확보가 요원하던 차에 정영범이 자기 일처럼 여기며 그때로는 큰 액수인 5원을 빚내어 왔다. 그것을 기초로 교회를 지을 목재가 목포로부터 운반되어 오고 서까래 같은 것은 산에서 나무를 베어다가 준비하고, 어떤 이는 조상들의 선산을 둘러싸고 있는 아름드리 소나무를 베어다가 기둥감으로 헌신하기도 하였다.

지붕을 덮기 위한 기왓장을 마련한 것은 하나님이 마련해 준 신기한 방법이었다. 증도에서 조금 떨어진 섬에서 잘 사는 부잣집에 불이 났다. 불에 그을린 기왓장을 싼값에 지불하고 선착장으로 옮겨왔다. 그러나 선착장에서 증동리까지 옮겨오기란 결코 쉬운 일이 아니었다. 그 당시는 지게 외에는 운반 수단이 없었는데 남자들이 쉽게 동참하지 않았기 때문이다.

할 수 없이 여자 성도들이 기왓장을 운반하였다. 어른들의 눈치가 보이니까 낮에는 일하고 모두가 잠든 사이에 몰래 빠져나와서 20리가 되는 선착장으로 나가 머리에 기와 몇 장을 이고 교회까지 운반해 오면 저녁 12시가 다 되었다고 한다. 어떤 이들은 그때를 회상하면서 머리가 많이 빠져서 낮에도 수건을 벗지 못하고 다녔다고 말하며 눈물을 적신다.

그런데 기둥도, 목재도, 지붕을 덮을 기와도 마련하였지만 정작 교회를 지을 땅이 없었다. 그때부터 문준경 전도사는 성전을 지을 부지를 마련하기 위한 철야기도를 시작하였다.

한편으로는 이성봉 목사가 '청신기도단'이라는 특별 기도팀을

조직했던 것을 생각하고, 그 방법을 인용해서 성전을 짓기 위한 기도특공대를 조직하기에 이른다. 이때 이상한 것은 기도특공대 대원들이 어른들(장로, 권사, 제직들)이 아니라 주일학교 아이들이었다는 것이다. 12명의 아이들을 임명하고 그들에게 어른들과 똑같이 새벽에 나와서 기도하게 했다.

아이들은 문준경 전도사의 말에 순종해서 새벽에 나와서 기도하고 학교에 가곤 했다. 그들에게 들려준 한 마디는 "하나님은 너희들의 기도를 절대로 외면하시지 못할 것이다. 너희들이 기도하고 있으면 교회는 어른들이 지을 것이다"라는 말이었다.

"부자가 천국에 갈 일은 낙타가 바늘귀를 지나는 것처럼 어렵지만, 어린아이는 누구나 천국에 갈 수 있다"는 말씀처럼 문준경 전도사는 하나님이 좋아하고 예뻐하는 어린아이들을 성전 건축 사업에 내세우면 하나님께서 절대로 외면하지 못하실 줄로 생각한 것이다.

성전을 지을 땅을 달라고 날마다 기도하던 중에 목포에서 학교에 다니고 있었던 정옥순(큰 시숙이었던 정영범의 손녀로 그 당시 목포 정명여고를 다녔다. 후에 영진약품 김생기 회장과 결혼하였으며 신실한 그리스도인이 되었다)이 증도에 내려올 일이 있어서 왔다가 교회가 성전 부지를 위해 기도하고 있다는 사실을 알고 자기 소유의 밭을 흔쾌히 교회 터로 내주었다고 한다. 이는 하나님의 기도 응답이었다고 모든 사람이 입을 모아 말하고 있다.

여기에는 어린 기도특공대원들도 한 몫을 단단히 했다. 어린 아이들이 얼마나 복음의 열정이 뜨거웠던지 학교의 등·하교 시간에도 문준경 전도사가 가르쳐준 찬송을 부르며 다녔고, 학교에서 쉬는 시간에도 줄기차게 부르니 그 당시 선생님이 이렇게 부탁을 하였다고 한다.

"제발 너희들 학교에서만은 그 노래 좀 부르지 말아라. 너희들이 노래하고 있으면 봄철에 모내기 전 논에서 개구리들 우는 소리처럼 들린다."

어린이기도특공대에 관련된 또 하나의 미담이 있다. 마치 성경에서 한 명의 중풍병자를 친구 네 명이 들것에 실어 예수님께 데리고 왔지만 사람이 많아 들어갈 수 없어서 지붕을 뚫고 침상째로 달아내려 고침 받게 하였듯이, 주변에 교회 안 나오는 자기 또래의 아이들이 있으면 네 명이 그 아이를 들고 교회로 오면서 "너 예수 안 믿으면 지옥 간다" 하면서 전도했다고 한다.

훗날 기도특공대원들은 대부분 목회자가 되었다. '기도에는 공짜가 없다'는 것을 이들을 통해 확실히 알 수 있다.

안내문

본 증동리교회는 문준경전도사님이 일제강점기인 1935년 3월 15일 교회를 세우고 평생(1935-1950)을 사역하시다 6.25(1950년 10월 5일)때 공산군에게 붙잡혀 터진목에 끌려가 순교하신 교회 입니다.

본 교회에 오시는 순례자들은 안내자가 없으면 아래로전화 하십시오
(010-2646-0852 김상원목사)

개인 방문자들은 길가 종탑옆에 있는 교회가 문준경전도사님 사역하신 교회이고, 순교하신 교회입니다. 항상 열려 있으므로 들어가시면 실물 사진과 자료들이 있으니 보시고 기도하고 가시기 바랍니다.

"증동리교회 성도일동 드림"

증동리교회는 지금도 옛 모습 그대로 보존되어 있으며 교회 안에는 전도사님의 실물 사진과 역대 목회자들과 스승 이성봉 목사님, 임자진리교회 이판일 장로님, 그리고 기도하던 동산의 사진과 순교현장의 사진 등 문준경 전도사님의 사역활동을 볼 수 있는 자료들이 보관되어 있다. 성지순례를 오면 꼭 한 번쯤 둘러봐야 될 곳이다.

증동리교회

증동리교회를 세우다

천사의 섬
신안

 증동리교회가 그렇게 하나님의 은혜로 건축되고 부흥하면서 문준경 전도사는 본격적으로 복음을 전하기 시작하였다.
 신안군을 가리켜서 '천사의 섬 신안'이라고 부른다. 그것은 이런 이유에서이다. 신안군에는 대략 1004개 정도의 크고 작은 섬들이 있다. 그래서 복음 전도의 비율이 높기도 하고, 아름다운 홍도를 비롯한 많은 섬들이 즐비하여 붙여진 이름이다.

 신안군은 사람이 집을 짓고 살고 있는 유인도가 70여 곳이고 930곳은 지금도 무인도이다. 섬과 섬을 잇는 길이 노둣길이다. 노둣길은 뻘 속에 징검다리 식으로 돌멩이를 놓았다가 물이 빠져나가면 건너다니는 길이다.

광암 노둣길

문준경 전도사도 많은 곳을 다니면서 노둣길을 이용하였다. 노둣길을 건너야 육지로 가는 배를 탈 수 있기 때문이다.

증도에서 광암 노둣길을 건너면 사옥도로, 지도로, 그리고 진리교회가 있는 임자도로 들어갈 수 있다. 노둣길은 편한 길도 안전한 길도 아니다. 건너는 시간이 오래 걸리고 물도 빨리 들어오기 때문에 자칫 물때를 알지 못하고 건너다가는 큰 낭패를 당하게 된다.

노둣길을 걷다 양쪽에서 물이 들어오기 시작하면 걷잡을 수 없이 빨리 들어오므로 영락없이 물 속에 수장될 수도 있는 매우 위험하기 짝이 없는 길이다.

문준경 전도사는 이 길을 건너면서 목숨을 잃을 뻔한 적이 한 두 번이 아니었다고 한다. 그런 위험한 노둣길을 건너며 찬양하는 모습을 많은 사람들이 목격했다. 그때 자주 불렀던 찬양 두 곡을 여기에 수록한다.

주님 고대가

1. 낮에나 밤에나 눈물 머금고
   내 주님 오시기만 고대합니다
   가실 때 다시 오마 하신 예수님
   오-주여 언제나 오시렵니까

2. 고적하고 쓸쓸한 빈 들판에서
   희미한 등불만 밝히어 놓고
   다시 오마 하신 주님 기다리오니
   오-주여 언제나 오시렵니까

3. 먼-하늘 이상한 구름만 떠도
   행여나 내 주님 오시는가 해
   머리 들고 멀리멀리 바라보는 맘
   오-주여 언제나 오시렵니까

4. 내 주님 자비하신 손을 붙잡고
   면류관 벗어들고 찬송 부르며
   주님 계신 그 나라에 가고 싶어요
   오-주여 언제나 오시렵니까

5. 신부 되는 교회가 흰옷을 입고
   기름 준비 다 해놓고 기다리오니
   도적같이 오시마고 하신 예수님
   오- 주여 언제나 오시렵니까

6. 천-년을 하루같이 기다린 주님
   내-영혼 당하는 것 볼 수 없어서
   이 시간도 기다리고 계신 내 주님
   오-주여 이 시간에 오시옵소서

얼마나 간절하게 불렀던지 노래를 모르는 사람들도 한번 들으면 바로 흥얼거렸다고 한다.

천국가
('사랑하는 주님 앞에' 곡으로 부른다; 이명직 목사 작사)

-이 노래는 《순교자의 노래》에 수록된 곡 중에 가장 길게 20절까지 있는 노래이다. 이것을 다 외워서 불렀으니 그 믿음의 열정이 대단하다.

1. 사막에는 모진광풍 육지에는 눈비오고
   해상에는 거친물결 때때일어 불우지환
   위험천만 평안없고 지진화재 종종일코
   독창악질 유행하며 여기저기 살인강도

2. 무지모양 당케되니 안심못할 인생일세
   빈궁하여 없임받고 세력없어 당한억울
   어디가서 호소할까 원한품은 눈물이요
   과부되고 상처되니 유지생녀 재미보고

3. 백년해로 수하다가 서산낙일 같이하자
   굳은맹세 깨어지니 애원하는 눈물이요
   부모없이 천분진통 자식죽어 생명진통
   의지없는 우리들의 허허탄식 눈물이요

4. 고해만리 쪼각배에 창해일속 이몸싣고
   천국향해 출범하니 한날신앙 지침일세
   가진풍파 모든위험 악전고투 인내하고
   멀리천성 바라보고 희망으로 건너가세

5. 가까운다 가까운다 멀리뵈던 천성문이
   한걸음씩 가까운다 나의본향 가까운다

예루살렘 복된내집 멀리보고 즐겼으니
   이제와서 목도하니 화려하고 찬란하다

6. 어찌말로 형용하리 그광채가 거룩하며
   어질어질 하여지네 그성사면 방정한데
   동서남북 광활하니 장으로나 광으로나
   일만이요 이천이라 열두성터 견고한데

7. 십이사도 이름쓰나 첫째터는 금광석과
   둘째터는 남보석과 셋째터는 청옥이요
   넷째터는 녹보석과 다섯째는 홍마노요
   여섯째는 홍보석과 일곱째는 황옥이요

8. 여덟째는 녹옥이요 아홉째는 담황옥과
   열째로는 비취옥과 열한째는 청옥이요
   열두째는 지정인데 그터위에 세운성은
   금강석을 쌓았으니 장엄하다 그성높이

9. 일백사십 사척일세 동서남북 열두문은
   동편으로 삼문이요 서편으로 삼문이요
   남편으로 삼문이요 북편으로 삼문이요
   십이문에 들어가며 십이지파 이름썼네

10. 매문마다 진주인데 성문주야 열렸도다
    성문안을 들어서니 거리거리 돌아가며
    정금으로 표창하니 유리같이 맑았으며
    성내복판 한중앙에 생명강이 흘러가니

11. 수정같이 깨끗한데 풍파조금 아니일어
    목마름이 아주없네 절수언덕 돌아가며
    생명나무 보기좋고 그잎사귀 그늘좋다
    만국으로 소생하고 주의영광 가득하네

12. 매달마다 열두종류 새열매를 맺어주니
    심을염려 거둘걱정 먹을근심 아주없고
    생존경쟁 또없으니 평화세계 여기로다
    일월성신 쓸데없고 어린양이 등대되네

13. 하나님의 영광으로 영원무궁 비치리니
    불야성이 여기로다 주님께서 위로하고
    눈물씻겨 주셨으니 눈물날일 다시없고
    주님께서 보혈흘려 대속하여 주셨으니

14. 애통하며 울일없고 주님이미 승리로서
    죽엄정복 하옵시고 부활승천 하셨으니
    원수죽엄 다시없고 우환질고 또없으니
    신천신지 여기로다 할렐루야 무궁세계

15. 신천신지 들어간자 누구누구 있었든가
    주님영광 위하여서 성경대로 살은자들
    생명책에 기록한자 주님인을 받은자들
    성부성자 성신님께 영광돌린 자들이라

16. 처음순교 아벨성인 주와동행 에녹이며
    신앙순종 아브라함 연단인내 욥성인과

화평사자 이삭이며 승리청년 요셉성인
　　율법창립 모세이며 유년선지 사무엘선지

17. 목자대왕 다윗이며 복음선지 이사야와
　　백절불굴 다니엘과 눈물선지 예레미야
　　충언직간 세례요한 이방개척 사도바울
　　성신충만 스데반과 십자가상 회개강도

18. 진주문에 들어올 때 천만천사 좌편으로
　　무수천군 우편으로 엄숙하게 늘어서고
　　천군음악 유량하게 울리면서 영접하니
　　고요하던 천성홀연 희락으로 넘치도다

19. 주님예수 빛난얼굴 천군천사 시위로서
　　영광중에 나타나서 개선성도 영접할때
　　영광관과 승리관의 자랑관과 금면류관
　　의의관과 생명관을 일일호명 싸우시며

20. 우수잡아 위로하는 손바닥에 못자국이
　　뚜렷하게 보이도다 모든성도 감격하니
　　무릎꿇고 경배하네 이로부터 주와우리
　　영원무궁 주와같이 살리로다 주의세계

'와! 길기는 길다. 이런 긴 노래를 부르다니. 하긴 중도에서 출발하여 노둣길로 그리고 배를 타고 다시 산길로 걸어서 갔던 길이 26킬로미터가 되었으니 그럴 만도 했겠구나'라는 생각이 든다. 대부분의 사람들은 노둣길을 건너고 나면 신발과 옷에 뻘 자국이 많이 생기는데 문준경 전도사는 어떻게 물찬 제비처럼 건너는지 뻘 한 점도 옷에 묻지 않는다고 신기해 하며 웃었다고 한다 (그녀만의 노하우가 있었다고 하는데).

노둣길을 건너는 중에도 위험에 빠진 적이 한두 번이 아니었다. 물때를 잘못 알고 지나가다 보면 한가운데쯤에서 물이 들어와 '이제는 영영 죽는구나' 생각할 때가 여러 번 있었다. 그때마다 손양원 목사가 작사한 '주님 고대가'를 부르고 스승인 이명직 목사가 작사한 '천국가'를 부르며 죽어도 좋다는 각오로 건넜다고 한다.

지금도 증도대교 바로 밑에는 그때의 노둣길의 흔적이 고스란히 남아 있다. 일부분이기는 하지만 필자도 그곳에 서보면 감회가 새롭다. 그곳에 성지순례객들을 데리고 가면 이 길에서 눈물을 흘리지 않는 사람이 없고, 발이 상할지라도 몇 발자국이라도 걸어 보고자 한다.

이 길을 걸어서 사옥도와 지도에 복음을 전하고, 지도면 봉리라는 곳까지는 지금도 26킬로미터가 되는데 그곳을 하루종일 걸어가서 그 동네에 살고 있던 김준곤(C.C.C. 대학생선교회 초대 총재)

의 집에 가서 복음을 전하고 하룻밤을 그곳에서 묵고 또다시 다른 곳으로 복음을 전하러 가곤 하였다고 한다.

이렇게 길을 걷고 걷고 또 걸으며 전도하니 신발인들 남아났겠는가. 다른 사람들은 1년이면 한 켤레로 족한 신발을 문준경 전도사는 1년이면 고무신 9켤레를 떨어뜨렸다고 한다. 그러니 어찌 우리가 그녀의 불타는 복음의 열정 앞에 고개를 숙이지 않을 수 있겠는가.

문준경 전도사를 통해 신앙을 키운 김준곤 목사

여기서 김준곤 목사의 이야기를 잠깐 하고자 한다. 김준곤 목사가 생전에 증동리교회에 와서 간증한 첫마디가 "내가 처음 그 아주머니의 사탕발림에 넘어가 예수 믿은 사람이오"였다.

사연은 이렇다.

김준곤 목사가 문준경 전도사를 처음 만난 것은 초등학교 2학년 때라고 한다. 학교에 갔다 와서 책보를 허리춤에서 풀어 놓고 나가려고 하는데 그 아주머니가 가지고 온 듯한 보따리에 빼꼼하게 사탕이 보여서 먹고 싶은 마음에 안 나가고 자리에 앉아 있었다.

어머니와 많은 이야기를 나누고 있었는데, 그 이야기는 하나도 귀에 들리지 않고 오로지 사탕만 눈에 들어왔다면서, 기다리는 시간이 그렇게 지루하고 길게 느껴지기는 처음이었다고 한다. 그래도 꾹 참고 어머니와 이야기가 빨리 끝나기를 기다렸다.

마침내 이야기를 다 마치고 어린 김준곤이 그 사탕 때문에 앉아 있었다는 걸 알기나 하듯이 문준경 전도사가 보따리를 풀어서 사탕을 주더란다. 얼마나 맛있던지 막상 그때는 사탕과 엄마 둘 중에 하나를 선택하라면 사탕을 선택할 것 같은 강력한 맛의 위력을 느꼈다고 하며 크게 웃었다.

그 뒤로 며칠 후에 문준경 전도사가 또 왔는데 그때는 만반의 준비를 다하고 양반다리를 하고 앉아 있다가 사탕을 얻어 먹었다. 그 뒤로도 몇 번이나 문준경 전도사가 올 때쯤 되면 미리 선창가에 나가서 기다리기까지 했다고 한다.

이 일이 수차례 반복되는 중에 사탕의 달콤함보다 예수님이 어린 김준곤의 마음에 쏙 들어와 자리 잡게 되었고, 그때부터 예수를 믿기 시작했다고 한다. 그가 신학을 공부하도록 배려해 주어서 신학교에도 가게 되었다.

그런데 신학을 하는 중에 몸도 약하고 지병이 있어서 신학교 졸업도 못하고 휴학을 하게 되었다. 그리고는 4개월 동안 증동리 교회에 와서 문준경 전도사의 말씀을 듣고 신유의 은혜를 체험하며 지병이 깨끗하게 나았다고 한다.

김준곤 목사 　　　　　 신복윤 목사

　문준경 전도사의 영향을 크게 받은 또 한 사람이 있었는데 바로 장로교 합동신학교의 총장을 지낸 큰 학자요 참 목회자였던 신복윤 목사이다. 김준곤 목사는 증동리교회 뒷산에 묻힌 문준경 전도사의 무덤에까지 올라가서 그때를 회상하며 연신 눈물을 흘렸다.

　"그분은 이 땅에 하나님이 보내신 한 알의 밀알이었으며, 이 땅에 테레사 수녀와 같은 성녀였으며, 못 입고 못 먹는 사람들을 대신해서 거두어다가 먹이고 입히니 그 당시 사람들이 입을 모아 말하기를 '당신이 대신 거지요'라고 하였지요. 그분은 목민관이요 교회는 목민센터 같은 곳이었답니다."

　항상 교회에는 오갈 곳 없는 사람들과 병든 사람들, 복음 들기를 갈망하던 사람들이 30여 명씩은 머물고 있었는데, 그들을 그냥 돌려보낼 수 없어서 고구마로, 옥수수로 끼니를 해 먹이는 수고를 아끼지 않았다고 한다. 싸움이 벌어진 집에서 와달라고 하면 지체없이 달려가서 호통을 치며 싸움을 말리고, 술판이나 놀음판(도박판)이 벌어지는 곳에는 여지없이 나타나서 판을 깨뜨린 사람이 문준경 전도사였다.

아기를 출산하는 집에 가서는 산파의 역할을 하기도 하였다. 그 당시 중도에는 병원도 의사도 약국도 없었으니 산모가 아이를 낳다가 죽는 일이 많았다고 한다. 그래서 그 당시 산모들은 아기를 낳으러 방으로 들어가면서 고무신을 마루 밑 댓돌에 가지런히 벗어놓고 몇 번씩 쳐다보곤 했다고 한다.

그러나 문준경 전도사가 나타나면 산모들은 마음을 놓고 아기를 낳을 수 있었다. 문준경 전도사는 비록 육신의 자식은 낳지 못했지만 산파의 역할을 하면서 한 번도 실패하지 않았기 때문이다.

보따리 전도

문준경 전도사의 전도 방법은 일명 '보따리 전도'였다. 보따리 두 개를 양손에 들고 다니는데 보따리 하나에는 옷(헌옷, 새옷)과 먹다 남긴 음식들(문준경 전도사의 수첩에는 동네에 먹고 살 만한 집들의 기념일이 적혀 있었다고 한다), 그리고 또 다른 하나에는 몇 가지 의약품과 사탕이 들어 있었다.

두 개의 보따리를 들고 다니면서 만나는 사람들에게 복음을 전하고자 하는 목적을 갖고 있었지만 꾹 참고 우선은 보따리를 풀어서 그들의 필요를 채워 주었다. 배가 고픈 사람들에게는 가지고 갔던 보따리를 풀어서 먹을 것을 주었고, 헐벗은 사람들에게는 따뜻하게 옷을 입혀 주었다.

사람들이 얻어 입고 얻어 먹고 해서 미안한 마음에 앉아 있으면 그 기회를 놓치지 않고 조심스럽게 복음을 전했다. 그러면 복음을 받아들이는 사람도 있고, 거부하면서 그 자리를 떠나는 사람도 있고, 혹은 옷을 다 벗어 던지고 핍박하는 사람들도 많았다고 한다. 그래도 그 가운데 복음의 능력을 경험하고 예수를 믿기로 작정한 사람들도 있었다.

사탕은 어린이 전도용으로 요긴하게 사용되었다. 지나가는 아이 하나라도 그 영혼을 사랑하는 마음으로 사탕을 주며 머리에 손을 얹고 "너도 예수 믿고 천국 가거라" 하였는데 그것이 마음 깊이 새겨져 훗날 예수 믿고 권사가 되었다고 간증하는 이들도 있었다.

또한 의약품을 사용하는 일이 종종 있었는데 조금은 이상하기도 하고 한편으로는 신기하기도 했다고 사람들은 말한다. 왜냐하면 약을 달라고 하면 주기는 주지만 이상하게 매번 같은 약을 주었다는 것이다. 머리가 아프다 해도 그 약이고 배가 아프다 해도 또 같은 약이었다.

그래서 사람들이 이상하게 생각했는데 그 약을 먹으면 신기하게 다 나았다는 것이다. 배아픈 곳도 머리 아픈 곳도 나으니까 그 약을 가리켜 만병통치약이라고 불렀다.

그러나 그 약 때문에 병이 나은 것은 아니다. 다만 약은 낚시꾼들의 밑밥처럼 사용했을 뿐이다. 이는 마치 의사들이 말하는 플라시보(placebo) 효과와 같은 것이다. 약의 효과는 없지만 의사가 하는 말 때문에 낫는다는 것이다. 어떤 사람이 이 약을 먹고 나았다고 하면 밀가루로 반죽해서 주어도 낫는다는 것이다.

만약 그렇게 약이라고 하면서 주지 않으면 그 사람의 신체를 만질 수 있는 방법이 없었기 때문이다. 약을 주면서 "이 약을 먹으면 꼭 낫습니다. 더 빨리 낫도록, 다시는 이 병으로 고생하지 않도록 제가 기도해 드리겠습니다" 하면, 낫고 싶은 마음에 잠시 앉아 있곤 했다는 것이다. 그때 조심스럽게 머리에 손을 얹고 기도를 한다.

"여기는 병원도 없고, 약도 없습니다. 이 사람은 돈도 없습니다. 그러니 하나님이 직접 고쳐 주십시오. 예수님 이름으로 기도합니다. 아멘."

그에게는 척박한 우상의 땅에 복음이 전해지도록 주신 신유의 은사가 있었다. 이미 목포에서 집사로 신앙생활 하던 중에 김응조 목사를 통하여 체험하고 배운 바가 있어서 그 은사를 활용하였던 것이다.

문준경 전도사가 우상과 미신의 땅인 증도를 비롯한 신안군의 섬지역에 복음을 들고 들어왔을 때는 일제 강점기였으므로 신사참배 강요가 심했다. 문준경 전도사는 오직 유일신 하나님만을 섬기기를 고집하였기에 후방치안을 담당하고 있던 경방단에 끌려가 모진 고문을 당하기도 하였다.

  종국에는 생명을 바쳐 지은 교회를 강제로 빼앗기기까지 했다. 그래도 끝까지 신사참배를 하지 않아서 보안서에 끌려가 고문을 당하고 몇 개월을 감금당하였다. 그 사이에도 성도들은 흩어지지 않고 백정희 전도사를 중심으로 하나가 되어 신앙을 지켜 냈다.

  예배드리는 방법도 기묘해서 게릴라 전법의 예배라 불렸다. 어느 날 몇 시에 어느 가정에서 일시에 모여 예배드리고 일제와 동조자들이 눈치 채지 못하게 조용히 흩어지곤 했다. 예배 시에도 큰 소리로 찬송을 부르지 못하고 숨죽여 336장 "환난과 핍박 중에도", "이 풍진 세상을 만났으니" 등을 불렀다.

환난과 핍박 중에도

1. 환난과 핍박 중에도 성도는 신앙 지켰네
   이 신앙 생각할 때에 기쁨이 충만하도다
   성도의 신앙 따라서 죽도록 충성하겠네

2. 옥중에 매인 성도나 양심은 자유 얻었네
   우리도 고난 받으면 죽어도 영광 되도다
   성도의 신앙 따라서 죽도록 충성하겠네

3. 성도의 신앙 본받아 원수도 사랑하겠네
   인자한 언어 행실로 이 신앙 전파하리라
   성도의 신앙 따라서 죽도록 충성하겠네

이 풍진 세상을 만났으니

1. 이 풍진 세상을 만났으니 우리 할일이 무엇인가
   믿음과 소망과 사랑중에 제일은 사랑이라

   후렴. 형제여 서로 사랑하자 우리 서로 사랑하자
   사랑의 주님 계명 지켜 힘써서 사랑하자

2. 하나님은 곧 사랑이요 주 예수님도 사랑이라
   사랑받은 자 큰 증거는 온전한 사랑이라

> 3. 사랑은 항상 오래 참고 또한 참으로 온유하며
>   사랑은 시기하지 않고 자랑하지 아니하네
>
> 4. 사랑은 교만하지 않고 또한 무례히 행동 않고
>   자기 유익을 구치 않고 성내지 아니하네
>
> 5. 사랑은 남의 악한 것을 기억하지도 아니하며
>   불의한 것을 기뻐 않고 진리로 기뻐하네
>
> 6. 사랑은 모든 일에 참고 또한 범사에 믿으며
>   범사에 항상 바라면서 범사에 견디도다

그렇게 힘써 지켜낸 신앙인데 어찌 하나님이 기뻐하시지 않겠는가?

문준경 전도사는 생활 속에서 전도를 실천하였다. 많은 선교사들이 우리나라에 와서 학교와 병원을 짓고 교회를 세우며 선교하였듯이 문준경 전도사도 이곳이 농사 짓기 힘든 땅이라 하여 '시루섬'이라 불리던 사실을 알고 이를 전도에 활용하였다. 그래서 일제 강점기였지만 농업 개혁의 한 방편으로 산골짜기 밑에 둑을 쌓아 저수지를 만들기 시작하였다.

이 일은 신안군 임자도에서부터 시작된 것으로 알려져 있다.

당시에는 둑을 쌓을 수 있는 기계가 전혀 없었기에 모든 일은 사람 손으로 할 수밖에 없었다. 둑 쌓는 일은 대부분 그 마을의 남자들의 몫이었다. 그런데 그 가운데 한 사람의 여성이 끼어 있었으니 바로 문준경 전도사였다.

무슨 일로 그곳에 있었는지 궁금해서 그 당시에 둑 쌓는 일에 참여하였던 분에게 물어보았다. 그런데 뜻밖에 놀라운 이야기를 들을 수 있었다.

가령 전통 장례식에서 보면 상여 앞에서 소리를 주는 소리꾼(상둣꾼)이 있었는데, 문준경 전도사가 둑에 흙을 뿌리고 큰 나무 몽둥이를 양손에 잡고 다지기를 하려는 사람들 앞에서 소리를 주고 있더라는 것이다. 그것도 찬양을 하면서 소리를 주는데 그때 부른 찬양을 기억하고 있는 분이 있었다. "진주문가"라는 곡이었다. 그 외에도 많은 곡을 불렀었다고 한다.

"진주문가"라는 곡이 문준경 전도사가 불렀던 《순교자의 노래》 책자에 수록되어 있어서 여기에 옮겨 본다.

진주문가

1. 양들아 양들아 어린 양들아 저 앞에 진주문을 바라보아라
칠보에 단장한 신부 같으니 우리를 위하여 예비함이라

2. 푸른 산 비탈이 험할지라도 길가기 어려운 줄 모르겠구나
바라던 천당이 여기로구나 두려 말고 들어가면 복락이로다

3. 여봐라 목자야 너는 누구며 그 어린 양의 떼는 뉘 집 양이냐
이 문을 열고서 들어오려면 성신의 인친 표를 내어놓아라

4. 천사여 우리는 주의 양이라 무궁화 꽃이 피는 내 고향이라
만인의 죄악을 씻어버린 양 성자를 뵈오려고 여기 왔노라

5. 열렸네 열렸네 넓게 열렸네 천당의 진주문이 넓게 열렸네
들어가세 들어가세 어서 들어가 그립던 우리 주님 만나봅시다

이 노래를 비롯해서 다른 많은 노래를 부르며 둑 쌓는 일에 박자를 맞추는데 처음에는 박자만 맞추어서 다대기질을 하다가 나중에는 따라서 부르고 선창하여 부르는데, 그러다 보면 힘이 덜 들고 고루고루 다대기질을 할 수 있었다고 한다. 그런데 저수지 둑을 쌓는 일은 하루이틀에 끝나는 일이 아니라 몇 개월에 걸쳐서 하는 일이기에 날마다 나가서 몇 시간씩 소리를 주곤 하였다.

몇 개월 후 어느 날이 문준경 전도사가 못 나오게 되었는데 그때 효과가 나타났다고 한다. 다대기질을 하면서 문준경 전도사가 부르던 노래를 자기들끼리 부르더라는 것이다. 그리고 집에 가면 가족들에게 그 노래를 가르쳐 주곤 했다. 그 일은 교회로 자연스럽게 인도하는 기묘한 방법이 되었다.

그렇게 곳곳에 저수지가 만들어지고 물이 풍족해지니 더 이상 이 땅을 버리고 타지로 떠나는 사람이 생기지 않게 되었다. 그곳에 정착하여 자녀들을 교육시키면서 먹고 살기에 충분한 식량을 공급받을 수 있게 된 것이다. 그래서 시루섬 증도가 풍요로운 축복의 땅이 되었던 것이다.

문준경 전도사에게는 노래(찬송)하는 것 말고도 이야기를 재미있게 하는 은사가 있었다. 한번 이야기를 꺼내면 그칠 줄 몰랐고 듣는 사람들도 지금까지 들어보지 못했던 흥미진진한 이야기에 귀를 기울였다. 그 당시 시골에는 방송매체가 전혀 없으니 도시의 문화 정보를 접할 수 있는 기회가 없었다.

그래서 학교에 다니면서 들었던 이야기, 그리고 감리교단의 감독을 지냈고 1930~40년대 한국교회의 부흥을 주도하였던 박재봉 목사 또는 이성봉 목사로부터 들은 이야기들을 재료로 삼아 들려주었다. 얼마나 재미있었던지 신혼생활도 포기한 채 이야기를 들으러 다녔다고 고백하는 남편들도 있었다.

그런데 문준경 전도사는 아무리 흥미 있고 재미있는 이야기를 하더라도 끝날 즈음에는 반드시 복음을 제시함으로써 말씀을 증거하고 영혼들을 구원하는 목회자 본연의 사명을 망각하지 않았다. 그 당시 문준경 전도사의 이야기를 들었던 증인들로부터 이야기 한 토막을 들을 수 있었다.

한국교회사를 보면, 젊은 시절 깡패였던 김익두라는 청년이 있었다. 그 지역에 살던 사람들은 장날이 되면 동네 재를 넘어가면서 서낭당 나무에 돌멩이를 던지면서 '오늘은 제발 익두 그놈 안 만나게 해달라'고 빌었다고 한다. 만나면 해코지하고 때리고 물건을 빼앗기 때문이다.

그런데 문준경 전도사가 사역하던 이 지역에서는 사람들이 '오늘은 제발 그 아주머니(문준경 전도사) 안 만나게 해달라'고 빌었다고 한다.

이유인즉, 만나면 재미있고 시골에서 생소한 정보를 들을 수 있어서 좋은데 이야기를 듣다 보면 시간이 늦어져서 할 일도 못하고 갈 곳도 못 가는 경우가 허다했기 때문이다. 그래도 이야기를 듣는 중에 일어서려고 하면 문준경 전도사가 붙잡고 하는 말이, "너 가려면 지금까지 내가 해준 이야기 값 내고 가라"고 했다는 것이다.

이야기 값이라고 하면 돈을 얼마를 달라는 것인지, 무엇을 어떻게 해야 하는 것인지 몰라 당황하지만, 그 이야기 값이란 돈이나 먹을 것을 말하는 것이 아니라 "내가 노래를 하나 할 테니까 너는 따라서 해라" 하면서 찬양을 따라서 한 곡 부르고 가는 것이 이야기 값이었던 것이다.

처음 부를 때는 의미도 모르고 내용도 모르고 그저 돈을 내라 하지 않으니까 좋았고, 따라서 하라니까 마냥 따라 불렀던 것이다. 이것은 문준경 전도사가 사용하는 특별한 전도 방법이었다. 성령님을 의지하고 기도하면서 그 사람의 마음에 복음의 씨를 뿌리는 것이었다. 하루에 세 번 만나면 세 곡을 부르고, 다섯 번 만나면 다섯 곡을 부르고 가야 하니까 서낭당에 돌멩이를 던지면서 '그 아주머니 만나지 않게 해달라'고 빌었던 것이다.

그런데 그것이 복음 전도를 위한 기발한 생각이었다는 것을 누군들 눈치 챘겠는가? 하도 자주 부르게 하니까 동네 사람들은 몇 곡의 찬양을 교회에 다니지 않았을 때에도 외우고 다닐 정도였다. 그러다가 나중에 어떤 계기로 교회에 나오게 되었을 때는 그 동안 불렀던 찬송과 들었던 이야기로 인해 당황하지 않고 자연스럽게 교회에 적응할 수가 있었다.

그때 가장 많이 즐겨 불렀던 찬송을 지금도 성지순례를 오는 사람들과 함께 부른다. 증동리교회는 이 찬송을 애창곡처럼 예배 때마다 부르고 있다.

새찬송가 563장(통일 411장) "예수 사랑하심을"인데 《순교자의 노래》 1장에도 수록되었다.

예수 사랑하심은

1. 예수 사랑하심은 거룩하신 말일세
   우리들은 약하나 예수 권세 많도다

   후렴) 날 사랑하심 날 사랑하심
   　　　 날 사랑하심 성경에 쓰였네

2. 나를 사랑하시고 나의 죄를 다 씻어
   하늘 문을 여시고 들어가게 하시네

3. 내가 연약할수록 더욱 귀히 여기사
   높은 보좌 위에서 낮은 나를 보시네

4. 세상 사는 동안에 나와 함께하시고
   세상 떠나가는 날 천국 가게 하소서 -아멘

문준경 전도사의 전도 방법은 가끔 우리의 생각을 벗어날 때도 있었다. 문준경 전도사가 어느 집에 들어서는데 젊은 처자가 마룻턱에 걸터앉아서 마룻바닥을 손바닥으로 쳐 가면서 대성통곡을 하는 것이다. 사람이 오는 줄도 모르고 말이다.

울부짖는 소리를 들으니, 시집살이 때문에 못 살겠다고 시아버지 시어머니 쌍욕을 하면서 울고 있는 것이었다. 다른 사람들 같았으면 다가가서 감싸 안으며 울음을 그치게 하고 사연을 들어보고 위로해 주었을 텐데 문준경 전도사는 아랑곳하지 않고 나란히 옆에 가서 앉더니 그 처자와 똑같이 마룻바닥을 쳐 가며 따라서 욕을 하는 것이었다.

한참을 듣고 있던 처자가 기가 막혀서 울음을 그치고 문준경 전도사를 쳐다보면서 '처음 본 사람인데 왜 우리 식구들 욕을 하시냐'고 항변을 하였다. 동병상련이라는 말처럼 문준경 전도사는 같은 입장에 서주는 것이 말문을 여는 것임을 알았던 것이다. 일단 문준경 전도사와 말을 섞고 보면 당해낼 자가 없었다. 그렇게 해서 또 한 사람이 구원받게 되는 기쁨을 맛보게 되는 것이었다.

이 지역에 전염병(염병)이 창궐했을 때는 이곳 주민들이 모두 대문에 아이 낳을 때나 사용하는 금줄(대문에 소나무 가지와 고추, 숯을 달고 명주실을 묶었는데 이는 사람들의 출입을 금하는 표시였다)을 치고 들어가지도 나가지도 못하는 상황이 되었다. 전염이 된 집에서는 아무런 대책 없이 죽을 날만 기다리는 것이 전부였다. 자식이 죽어가는데도 아무런 힘이 되지 못하고 지켜봐야만 하는 부모의 심정이 오죽했겠는가.

그러나 문준경 전도사는 자신에게도 병이 전염될지 모르는 이런 위험한 상황에서도 아무런 거리낌 없이 그 집에 들어가서 환자를 간호해 주었다. 그리고 미처 시신을 처리하지 못하고 우왕좌왕하고 있으면 수습해서 장례를 치러주기도 하였다. 이러한 가운데서도 문준경 전도사에게는 병이 전염되지 않음을 보고 사람들이 이렇게들 말했다고 한다.

"저분은 하늘에서 내린 분이네. 하늘이 지켜주니 전염되지 않고 저렇게 하실 수 있지."

문준경 전도사에게는 병이 전염되거나 아프거나 심지어 죽는 것까지라도 아무런 문제가 되지 않았다. 오직 죽어가는 영혼들이 불쌍해서 그들을 구하는 데에만 관심이 있었다.

문준경 전도사가 교회를 세우고 사역하는 모습은 흡사 사도 바울을 보는 것 같았다. 한 지역에 가면 먼저는 아는 사람을 찾고 그 사람과 그 집을 기도처로 삼고 주변의 몇 가정을 모이게 해서 예배를 드리도록 했다.

하나님께서 루디아처럼 준비해 놓은 사람들을 만나게 하시는 경험도 여러 번 하여서 종국에는 교회가 세워지는 역사가 일어나기도 하였다.

일꾼을 양성한 하나님의 딸

문준경 전도사는 교회를 세우는 데만 그치지 않고 일꾼을 양성하는 일에 심혈을 기울였다. 문준경 전도사가 세운 일꾼들 중에는 한국교회사의 중심에 서 있는 목회자들이 많이 있다.

C.C.C. 한국대학생선교회 총재를 지낸 김준곤 목사, 한기총 회장을 지낸 이만신 목사, 한국신학대학교 총장을 지낸 고재식 목사, 정태기 목사, 장로교 합동 측 총장을 지낸 신복윤 목사, 그리고 신안군 도초면이 고향인 안산제일교회 고훈 목사, 김한국 목사, 성결교회 총회장을 지낸 이만성 목사, 초대 군목이었던 정종욱 목사 등등, 수많은 목회자들이 문준경 전도사를 통해 배출되었다.

몇 년 전 지구촌교회 이동원 원로목사가 증동리교회에서 은퇴 기념으로 자비량으로 부흥회를 인도하였는데, 말씀을 전하는 중에 "나도 그분의 제자나 다름없는 사람이오. 나도 복음에 빚진 자입니다"라고 하였다.

그는 김준곤 목사의 대학생선교회 4인방(하용조, 옥한흠, 홍정길, 이동원)으로 스승인 김준곤 목사로부터 이미 문준경 전도사의 목회하는 모습, 하나님 앞에서 헌신하는 모습, 그리고 영성과 순교에 대한 사실을 많이 들었다고 한다. 그러면서 늘 문준경 전도사의 뜨거운 신앙심을 가슴에 품고 살았는데 이렇게 역사가 있는 교회에서 부흥회를 인도하게 되니 감회가 새롭다고 고백하였다. 그리고 보면 '한 알의 밀이 땅에 떨어져 죽음으로써 많은 열매를 맺는다'는 말은 문준경 전도사를 두고 한 말이 아닐 수 없다.

김준곤 목사는 이 부분에 대해 이렇게 설명했다.

"빌리 그레이엄 목사가 대구 지역에 와서 사과 한 개를 들고 반으로 쪼개고는 '이 사과 한 개 속에 들어 있는 씨앗의 숫자는 누구든지 셀 수 있어도, 이 씨를 땅에 심어서 그 나무에서 매 해마다 열리는 사과의 숫자를 누가 셀 수 있을까, 하나님 외에는!'이라고 말했습니다."

그러니 문준경 전도사의 제자들이 또 다른 제자들을 낳고, 그

제자들이 열방에 나가 복음을 전하는 것을 생각하면 하나님의 역사는 전혀 상상도 할 수 없는 큰 영향력을 가진 것이다.

필자도 이 일로 인하여 지금도 생생하게 날짜를 기억하고 있다. 2014년 4월 16일 고난주간에 남서울은혜교회 강사로 초대받아 가서 문준경 전도사의 영성과 순교 이야기를 전한 적이 있다. 그날이 바로 세월호 사건이 일어났던 날이기에 뚜렷하게 기억하고 있다. 그날 신앙의 계보를 이렇게 설명하였다.

"이성봉-문준경-김준곤-홍정길-박완철"

[이성봉-문준경-하용조-이재훈] [이성봉-문준경-김준곤-옥한흠-이찬수] [이성봉-문준경-김준곤-이동원-진재혁]

우상과 맞서 싸운 문준경 전도사

문준경 전도사가 생명을 걸고 이 지역의 우상 문화에 맞서서 싸울 수 있었던 것은 역시 기도 덕분이었다. 문준경 전도사는 증도에서 가장 높은 산 상정봉 정상 바로 밑에 있는 벼락바위(주민들이 이름 지어 부르고 있는 바위인데 그 바위가 워낙 커서 벼락을 치면 다른 곳에 피해가 가지 않도록 그 바위가 벼락을 대신 맞아 주었다고 해서 붙여졌다)에 기도처를 정하고 밤낮으로 오르내리며 기도하였다.

상정봉은 증동리교회 뒤쪽에 위치해 있으며, 증도에서 가장 높은 산이다. 당시 가장 높은 산의 정기와 기운을 받아야 가문도 번성하고 자식들도 아프지 않고 잘 된다는 우상숭배 사상이 있어서 상정봉 곳곳에다 돌무더기로 제단을 쌓고 때가 되면 제물을 바치고 빌었다.

옛 서낭당의 모습

상정봉으로 오르는 산 중턱에 증도를 지킨다는 서낭당이 자리하고 있었다. 상정봉의 산을 문준경 전도사는 밤낮으로 올라 다니면서 제단들을 허물고 서낭당 나무를 베어버리면서 우상 문화와의 싸움을 강행하였다.

서낭당 나무를 베어버릴 때는 이 지역 사람들 모두가 '저 여자는 서낭당 신에게 저주받아 죽을 것'이라고 하였다고 한다. 그런데 멀쩡하게 복음을 전하고 다니는 것을 보고는 오히려 두려워하여 교회로 들어오는 이들도 있었다고 한다.

벼락바위 기도처에 올라가면 앞이 탁 트인 바다가 보이고, 남쪽 방향으로 '천년의 숲'이라고 이름 붙인 우리나라 한반도의 모습을 쏙 빼닮은 섬들이 보인다.

우리나라 지도 모양의 몸통과 좀 떨어진 곳에 제주도가, 그리고 동해안에 독도와 울릉도가, 서해안에 연평도와 백령도가 떨어진 섬으로 위치하고 있어서 오묘하기만 하다.

문준경 전도사는 기도바위에 우뚝 서서 두 팔을 높이 들어 마치 한반도를 한 아름에 품듯이 껴안고 조국 대한민국이 복음화되기를, 예수의 나라가 되기를 소원하며 간절한 마음으로 기도하였다. 그리고 뒤돌아서서 불룩 튀어나온 바위를 겟세마네 동산의 예수님처럼 끌어안고 교회와 성도들을 위해, 그리고 우상 문화가 깨뜨려지기를 위해서 밤새워 기도하였다.

우상 문화와만 싸운 것이 아니다. 들짐승들과 귀신들과 어둠의 영들, 외로움과 공포와도 싸워야 했다. 얼마나 힘들었으면 울부짖음이 새벽에 닭 우는 소리처럼 들렸다고 증언자들은 말하겠는가. 그리고 이곳에서 불렀던 찬양들이 우리의 가슴을 후비는 듯하다.

그때 불렀던 몇 곡의 찬양을 이곳에 올린다.

(복음운동을 하자 / 의 위해 핍박받는 자 / 허락을 이루소서)

복음운동을 하자
('빈들에 마른 풀같이' 곡으로 부른다)

1. 세상이 말세가 되어 죄악은 강성하고
   사랑은 점점 식어져 보기가 어렵고나

(후렴) 뜻있는 신앙의 동지 성신의 권능 받아
   이 땅에 복음운동을 맹렬히 전개하세

2. 이단과 사설을 인해 갈 바를 모르고서
   양떼는 미혹된 길을 헤매어 울고 있네

3. 세속과 신비주의에 좌우로 치우치고
   교권과 파쟁으로서 심령은 메말랐네

4. 향락과 유물주의가 이 땅에 침노하니
   신앙과 윤리가 모두 타락이 되었구나

5. 삼천만 겨레가 모두 의지할 곳이 없어
   사랑과 인정에 주려 목매어 부르짖네

의 위해 핍박받는 자
('내 주를 가까이 하게 함은' 곡으로 부른다)

1. 의 위해 핍박을 받는 자는 천국이 저희의 것임이니
   날 위해 너희를 미워서 거짓된 모함을 할 때는 기뻐하라

2. 전에도 이같이 선지자를 욕하고 죽이고 했느니라
   너희도 참고서 이기면 그날에 하늘에 상급이 클 것이라

3. 세상의 권능이 하나님의 택하신 백성을 송사하랴
   의롭다 하신 이 하나님이시니 누구가 우리를 정죄하랴

4. 누구가 우리를 그리스도 사랑의 품에서 끊으리요
   환란과 곤고나 핍박이나 기근 적신과 칼이나 위험이랴

5. 사랑도 생명도 천사들도 권세나 현재나 장래에나
   우리를 하나님 그 사랑 안에서 결단코 끊을 수 없으리라

허락을 이루소서
('예수 나를 위하여' 곡으로 부른다)

1. 하나님의 언약과 허락하심 믿고서
   크신권능 받고자 기도하옵니-다

(후렴) 성신님 내게도 충만하게 오셔서
    멸망하는 내민족 구원케 하옵소서

2. 예수님은 우리게 성신 허락하시고
   권능입혀 주도록 기다리라 하셨네

3. 옛날선지 사도들 성신권능 받아서
   충성으로 그사명 다마치고 가셨네

4. 정치는 부패하고 경제는 파탄이라
   민생은 도탄중에 허덕이고 있구나

5. 삼천만의 내민족 목자없는 양같이
   참목자를 찾아서 갈팡질팡 하노라

6. 삼천만의 이동산 한숨눈물 뿐이요
   사람마다 탄식과 비명소리 뿐이라

7. 하나님의 허락은 영원불변 하시니
   어김없이 주실줄 믿고 기다립니다

성지순례를 오는 사람들은 이 기도바위에 올라오면 바라보이는 경관에 놀라움을 금치 못한다. 그리고 길도 없고 등불도 없이 이 높은 산에 힘들게 올라와서 나라와 민족을 위해 우상 문화를 깨뜨리고 교회를 세우기 위해 기도하였다는 설명을 듣고 나면 산을 오르며 힘들다고 투정을 부리던 사람들도 미안해 한다.

뿐만 아니라 '연약한 여자의 몸으로 이 험한 길을 올라 다니면서 얼마나 무섭고 힘들었을까?' 생각하면 모두 마음이 숙연해진다. 그리고는 올라오면서 이런 노래들을 부르면 감회가 새롭다.

• 기도 바위

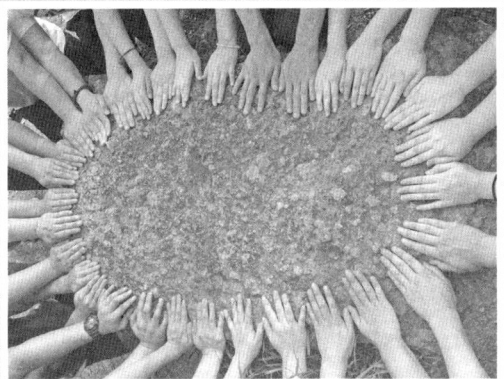

새끼를 많이 깐 씨암탉이라고?

기도처에서 있었던 이야기를 들려주면서 이곳에서 손을 들고 나라와 민족을 위해 특별히 복음으로의 통일을 위해 기도하고, 한국교회의 새롭게 거듭남을 위해서, 섬기는 교회와 선교를 위해서, 이곳 증도에 이단이나 우상 문화가 발을 붙이지 못하도록 기도하자고 하면 거부하는 사람이 없다.

이곳에 와서 기도하던 사람들은 수를 헤아릴 수 없을 만큼 많다. 그 중에는 이동원, 홍정길, 유기성, 박완철 등 각 교단의 총회장들과 지방회장, 연합회 회원들이 올라와서 통곡하며 기도하기도 하였다. 산에서 내려올 때면 모든 사람들의 얼굴이 상기되고, 큰 도전과 힘을 얻고 내려오는 것이 사실이다.

기도처에서 내려오는 길에 증동리교회 문준경 전도사가 사역하던 교회 옆 벽면을 보면, 문준경 전도사가 다니면서 1년 동안 고무신 아홉 켤레가 닳도록 복음을 전했다 하여, 고무신 배를 타고 복음이 멀리멀리 전해지기를 소원하며 민들레 씨앗을 날리는 모습이 그려진 포토존이 있다.

그곳에서 자연스럽게 순례자들

포토존

은 사진을 찍는다. 비록 그림이지만 문준경 전도사의 손을 잡고 찍기도 하고, 가족이 의자에 앉아서 다정하게 찍기도 한다. 순례자들은 아무리 바빠도 기도처와 포토존에서 시간을 보내는 것을 전혀 아깝지 않게 생각한다.

어느 순례자들은 증동리교회에서부터 고무신을 신고 1950년 10월 5일 문준경 전도사가 붙잡혀 끌려간 터진목 순교현장까지 차를 타거나 걸어서 가는 체험을 하기도 한다.

터진목 순교지는 증동리교회에서 직선 거리 600미터 떨어진 해변가에 위치해 있다. 순교현장은 대체로 잘 보존되어 있지만 순교 당시의 현장과는 사뭇 다르다.

순교 현장에 서 보면 눈물을 주체할 수 없다. '이곳에서 참담하게 죽임을 당하였겠구나' 생각하면 다른 말이 필요없다. 가이드를 통해서 당시에 이 현장에서 있었던 일을 생생하게 들어보면 또 다른 감동이 물밀듯 밀려온다. 그럼 다시 순교의 날로 되돌아가 본다.

거룩한 순교

일제로부터 해방이 된 후 남과 북은 한 민족이면서도 이데올로기로 인해 서로 반목하다가 38도선에 철조망을 치고 각각 남과 북에 정부를 수립하였다. 그러다가 1950년 6월 25일 동족상잔의 비극인 한국전쟁이 일어났다.

전쟁으로 인해 날마다 흉흉한 소문이 전해지며 주민들은 날이 갈수록 마음이 불안해졌다. 그럼에도 불구하고 신안군 지역민들은 육지로부터 떨어진 섬이어서 설마 공산군이 이곳까지 오겠는가 하는 생각을 갖고 있었다. 그래서 안심하고 있었던 것이 사실이다.

개전 이후 3일 만에 서울을 함락한 인민군은 계속 남쪽으로 쳐내려왔고, 태평스러운 신안군 일대에 인민군 6사단 병력이 남하하여 장악하였다. 증도도 예외는 아니었다.

인민군은 섬에 들어오자마자 인민 해방을 외치며 마을 사람들을 선동하였고, 점령군의 모습으로 무기를 들고 위협하였다. 무주공산이 된 섬에서 그들은 자신들의 말을 안 듣거나 일에 방해되는 사람들을 무자비하게 학살하였다. 짐승들 세계처럼 힘의 논리로 섬을 공포의 도가니로 만들어 버렸다. 그들은 섬사람들에게 해방가와 빨치산 노래를 가르치며 살벌한 분위기를 만들어 갔다.

그러다가 마침내 속내를 드러내었다. 주지하다시피 공산주의는 교회를 인정하지 않는다. 교회가 자신들이 해야 할 일들을 방해하는 걸림돌이라고 인식하기 때문이다. 인민군이 증동리교회에 들어와서 문준경 전도사를 체포한 것은 당연한 수순이었다. '이런 사람이 여기에 있으면 우리가 해야 할 일에 방해가 된다'고 하여 체포하였다. 그런데 그 당시 처형장처럼 사용되었던 터진목 해변가로 끌고 가는 것이 아니었다. 그리고 하는 말이 "이 여자는 악질 반동이며 죄질이 크니 우리 마음대로 죽일 수 없다" 하여 문준경 전도사는 따로 인민군 내무서가 있는 목포로 끌고 가고자 하였다.

여기에 또 한 사람이 문준경 전도사와 같이 끌려갔는데 바로 양도천 전도사(당시 증동리교회에서 문준경 전도사와 함께 사역했으며 훗날 이단으로 빠져서 물의를 일으킨 사람이다)였다.

그런데 당시에는 바람을 이용해 가는 배인 풍선(돛단배)을 타고 노를 저으며 가야 하기 때문에 시간이 더디 걸릴 수밖에 없었다. 그래서 때로는 목포까지 가는데도 며칠씩 걸리기도 하고 역풍이 불거나 물살이 거세면 못 가는 일도 많았다고 한다.

문준경 전도사를 태운 배가 목포로 가는 도중 이미 목포는 국군이 수복한 상태였다. 맥아더 장군이 인천상륙작전을 강행하여 독 안에 든 쥐가 된 인민군이 도주하기 시작한 때였다. 그러나 당시에는 통신수단이 없었기 때문에 이러한 전황을 알 수 없었으므로 문준경 전도사를 태운 배와 인민군들은 목포로 향하였다. 목포 선착장에 도착해서야 비로소 목포가 국군에게 수복된 사실을 알고 인민군들은 문준경 전도사 일행을 끌고 갈 겨를도 없이 혼비백산하여 도망쳐버렸다.

문준경 전도사와 함께 목회자로 끌려갔던 양도천이라는 사람은 자유의 몸이 되어 당시 목포에 잠시 내려와 있던 이성봉 목사를 찾아가 만났다. 그곳에는 임자도 진리에서 목회사역을 하고 있던 이판일 장로도 이성봉 목사와 함께하고 있었다.

이성봉 목사는 자신의 제자인 문준경 전도사와 교회들이 안전한지 걱정을 하고 있었는데 이렇게 아무 탈 없이 만나게 되어 더할 나위 없이 반갑고 기쁘며 감사하다고 하였다. 그는 세 사람을 앞혀 놓고 성경을 인용하여 많은 말을 하면서 지금은 섬에 인민군이 있어 위험하니 섬에 들어가지 말라고 당부했다.

문준경 전도사와 이판일 장로는 강도의 소굴이지만 다시 섬에 들어가야 한다고 했다. 이에 반해 27세의 젊은 양도천은 생명의 위협을 느끼고 지금 섬에 들어가지 말고 훗날을 도모하기 위해 목포에 남아 있어야 한다고 극구 말렸다.

결국 양도천은 목포에 남고 문준경 전도사와 이판일 장로는 증도와 임자도로 돌아갔다. 이러한 내용을 양도천이 몇 해 전 증동리교회에 와서 직접 증언하였다.

문준경 전도사와 이판일 장로는 양도천의 의견을 일언지하에 거절했다.

"우리가 섬에 들어가지 않으면 성도들이 죽습니다. 이미 죽음을 각오한 일이니 섬에 들어갑시다."

그러면서 문준경 전도사는 증도로, 이판일 장로는 임자도로

각각 따로 배를 타고 출발하였다. 문준경 전도사는 증도에 도착하여 휴식도 취하지 못하고 선걸음으로 동네에 들어가서 성도들과 주민들을 모아 목포가 국군에 의해 수복되었음을 알렸다. 그리고 곧 증도도 국군에 의해 수복될 것이니 조금만 참고 있으라며 주민과 성도들을 안심시켰다.

그런데 동네 주민 중에서 공산주의자들과 내통하는 사람이 있었는데 그만 문준경 전도사를 밀고하고 말았다. "문준경이라는 전도사가 지금 동네를 돌아다니며 우리에게 불리한 이야기를 하고 다닌다"고 고발한 것이다. 그러자 공산주의자들은 곧바로 문준경 전도사를 잡아 터진목으로 끌고 오라고 지시하였다.

그들은 교회에서 성도 몇 사람과 함께 있던 문준경 전도사를 체포하고, 백정희 전도사와 김두학 장로를 끌어내어 "너희들이 교회 대표자들이니 같이 가자" 하면서 새끼줄로 묶어서 교회에서 600미터 떨어진 터진목으로 끌고 갔다. 이때가 1950년 10월 5일 새벽이었다. 그날도 터진목에서는 이미 15명 정도를 잡아다가 "반동들! 너희에게는 총알도 아깝다" 하면서 죽창과 몽둥이로 때려 죽이고 있었다. 터진목은 이미 피비린내 나는 살육의 현장이 되어 있었다.

당시 동네에서는 인민군과 이에 동조하는 지역 사람들이 자신들의 마음에 안 들면 끌고 가 마구잡이로 처형하였다. 그날도 동네 사람들을 백사장으로 끌고 와서 무자비하게 죽인 것이다.

백사장은 죽은 양민들이 흘린 피가 시뻘겋게 뿌려져 있었고 억울하게 죽임을 당한 사람들의 시신이 널브러져 있었다. 피를 본 이들은 눈이 뒤집혀 있다가 문준경 전도사, 백정희 전도사, 김두학 장로가 끌려오자 바로 달려들어 죽이려고 하였다. 그때 인민군 우두머리로 보이는 자가 가로막으며 마치 정당한 절차를 밟아 죄를 물어야 하는 것처럼 이렇게 말했다.
"여기는 인민재판장이니 죄목이 없으면 죽일 수 없다."
그리고는 문준경 전도사를 죄인의 대표로 끌어내어 새끼줄로 묶어서 바닷가 백사장에 무릎을 꿇렸다.
"이 여자의 죄목을 말해라. 죄목이 있어야 처형할 수 있다."
죄목이 있어야 죽일 수 있다는 인민군 우두머리의 말에 아무도 입을 열지 못하고 멀리 바다만 바라보고 있었다.

잠시 침묵이 흘렀다. 그러다가 좌익 성향의 한 사람이 앞으로 나오더니 문준경 전도사를 손가락으로 가리키며 소리쳤다.
"이 여자는 새끼를 많이 깐 씨암탉이다. 이 씨암탉을 죽여야 더 이상 새끼를 못 깐다."

그가 말한 '새끼를 많이 깐 씨암탉'이란 말은 문 전도사가 동네사람들을 교회로 끌어들여 기독교 신자로 개종시켰다는 뜻이었다. 기독교를 아편처럼 여기는 공산주의자들에게 기독교인, 그것도 전도사는 처형의 대상이 될 수밖에 없었다. 죄를 짓고 더럽혀진 영혼들을 구원하고자 교회를 세우고, 성도들에게 사랑을 가르친 복음의 어머니를 처형하려는 것이다.

공산군 우두머리로 보이는 한 사람이 문준경 전도사를 손가락으로 가리키면서 "새끼를 많이 깠으니 살려둘 수 없다. 죽여라!" 하고 소리쳤다. 그 말이 떨어지기가 무섭게 예수님이 골고다 언덕을 오를 때 병사들이 무자비하게 달려들어 채찍질하고 창으로 옆구리를 찌르듯, 공산주의자들이 문준경 전도사의 이마와 옆구리를 죽창으로 마구 찔러댔다. 그리고 몽둥이로 온몸을 두들겨 팼다.

60세가 된 나약한 여인 문준경 전도사는 고통을 참으며 쓰러졌다 일어났다를 반복했다. 온몸에서 피가 철철 흘러 백사장 바닥에 낭자했다. 죽어가면서도 혼신의 힘을 다해 마지막 세 마디의 말을 남겼다.

첫마디가 "나를 죽여도 좋으니 내 딸 백정희를 살려 달라. 저 가엾은 것은 나를 따라다닌 죄밖에 없다."

당시 백정희 전도사는 경성성서신학교 학생이었다. 문준경 전도사는 신학생들의 이야기를 듣는 중에 유난히 백정희 전도사가 마음에 쓰였다. 그의 삶이 자신과 같은 비슷한 처지로 살아온 까닭에, 그를 가엾게 여기고 증동리교회로 데리고 와서 양딸로 삼았다. 그리고는 자신이 다녔던 신학교에 진학을 시켜 뒷바라지하면서 목회의 동역자로 서로 의지하며 살고 있었다. 바울과 디모데처럼, 믿음으로 낳은 딸이었다.

문준경 전도사가 죽어가며 백정희를 살려달라고 간절히 애원하자 공산군 우두머리가 마음의 변화를 일으켰는지, 아니면 최소한의 양심은 있었는지 손가락으로 백정희를 가리키며 "너 일어나 가!" 하고 소리쳤다. 이렇게 해서 백정희 전도사는 가까스로 목숨을 건질 수가 있었다.

백정희 전도사는 후에 고백하길, "하나님이 나를 살려주신 이유는 오늘날 문준경 전도사를 세상에 드러내는 증인으로 삼기 위해서다"라고 하였다. 10년 이상을 목회의 동역자로 살아왔으며, 순교 현장에까지 함께 끌려갔으니 그곳에서 있었던 모든 일을 증언하는 최고, 최후의 증인이었던 것이다.

백정희 전도사는 순교의 대열에서는 벗어나 목숨을 부지하였지만 그것으로 그의 시련은 끝난 것이 아니었다. 공산주의자의 첩살이를 강요받으며 모진 고문을 받았다. 그렇게 많은 고초를 겪었지만 끝까지 지조와 신앙적 순결성을 지켜내었다.

이렇듯 정절을 지킨 후 복음을 전하다가 문준경 전도사를, 믿음의 어머니를 이 세상에 알리고 대전의 성락원에서 눈을 감았다. 하나님의 계획을 미천한 우리가 어찌 다 헤아릴 수 있을까?

문준경 전도사가 죽어가면서 두 번째로 남긴 말은, "나를 죽여도 좋으니 우리 성도들은 살려주시오"였다. 그 비극의 현장에서 문준경 전도사는 예수님처럼 목자가 되어 양들의 생명을 자신의 죽음으로 살려내었다.

1950년 10월 4일부터 6일, 2~3일 어간에 신안군 일대에서는 3천여 명이 공산주의자들에게 죽임을 당했다. 그 가운데에는 성도들도 많이 끼어 있었다. 그럼에도 불구하고 증도에서는 문준경 전도사의 간청으로 인해 더이상 성도들을 죽이지는 않았다.

문준경 전도사가 수복된 목포에 머물러 있었다면 자신의 목숨 하나는 구할 수 있었을 것이다. 그러나 증도의 많은 성도들을 구하기 위해 죽음의 소굴로 뛰어들었으니, 그의 죽음은 결코 헛된 것이 아니었다.

문준경 전도사가 마지막으로 남긴 말은, "나는 너희 손에 죽지만 너희도 예수를 믿어라"였다. 이는 원수를 용서하는 마음이 아니라면 도저히 할 수 없는 말이었다. 비록 자신은 원수들에 의해 죽어가지만 한 알의 밀이 땅에 떨어져 많은 열매를 맺는 것처럼 복음의 씨앗을 퍼뜨리고자 했던 것이다.

문준경 전도사가 마지막 말을 마치자 공산주의자 우두머리는 더욱 잔인하게 "저 여자가 피를 철철 흘리면서도 숨통이 끊어지지 않으니 숨통을 끊어버려라!" 하고 소리쳤다. 그 말에 인민군 하나가 총을 들고 나와 턱 밑 숨골에 총구를 겨누고 방아쇠를 당겼다. 문준경 전도사는 그 자리에서 절명하고 말았다.

피비린내 나는 순교의 현장에는 8일 동안 아무도 얼씬거리지 못했다. 문준경 전도사의 시신을 거두지 못하고 안타까워하던 박복엽 권사, 이동례 권사, 백정희 전도사, 동네 아낙네 3명이 논에 물 보러 간다 하고 몰래 접근하여 문준경 전도사의 시신을 수습하였다. 피가 낭자한 시신에 옷도 갈아입히지 못하고 백사장 언덕 위에다 손으로 모래를 파서 시신을 묻어 두었다.

그 후에 인민군이 물러가고 국군이 들어오자 증도는 평온을 되찾았다. 순교한 지 넉 달 후에 증동리교회를 중심으로 호남지방회에서는 문준경 전도사의 장례 절차를 의논하였다. 1951년 2

월 2일은 문준경 전도사의 생일이자 회갑일로 그날 장례를 치르기로 하고 증동리교회에서 10여 일을 준비하고, 장례 하루 전날 시신을 문준경 전도사가 평생 사역했던 증동리교회 강대상 아래에 두고 하룻밤을 지내게 하였다.

다음날인 2월 2일 문준경 전도사의 회갑에 맞추어서 장례식을 거행하였다. 그날 호남지방 목회자들은 두건과 행장을 갖추었고, 성도들은 흰 옷을 입고 흰 수건을 써서 애도를 표시했다.

이날 장례식에는 엄청난 인파가 몰려들었는데, 이를 본 사람들은 백범 김구 선생의 장례 행렬보다 더 길었다고 증언한다. 이는 생전에 문준경 전도사가 얼마나 품이 넓고 깊었는지를 단적으로 말해 주는 증표라 할 수 있다. 뿐만 아니라 그의 지난하고 고단했지만 신실한 신앙의 깊이를 보여 주는 결과가 아닐 수 없다.

• 순교 현장

110
새끼를 많이 깐 씨암탉이라고?

문준경 전도사의 흔적 중에 유일하게 남아 있는 사진으로, 증동리교회 청년들과 함께 찍은 실제 모습이다(오른쪽 앞줄 세 번째가 문준경 전도사).

순교현장에 세워진 표식비   순교 당시 현장에 있었던 표식이다. 지금은 해변도로가 나 있다.

다시 되살아난 신앙의 씨앗

문준경 전도사의 시조카 정태술은 백정희 전도사가 생전에 문준경 전도사가 하신 말씀이라며 이렇게 전했다.

"나는 죽어도 정씨 가문 선산에 묻힐 수 없는 몸이다. 그러므로 선산 먼 발치에라도 묻어주면 좋겠다."

문준경 전도사가 이렇게 말한 배경에는 자신이 정씨 문중의 대를 이을 자식을 생산하지 못한 것을 염두에 두었기 때문인 것 같다. 그런데 정태술은 "우리 작은어머니 묘는 선산 중앙에 써야 한다"며 문중 사람들을 설득하였다고 한다. 그래서 문중에서 그렇게 하기로 하여 선산 중앙에 문준경 전도사를 모셨다고 한다.

그리고 장례식을 마치고 호남지방회에서는 증동리교회에 순교기념비를 세우고, 순교현장에 초라하지만 표식비를 세웠다. 뿐만 아니라 터진목 순교현장에 바위로 순교한 곳을 표시해 놓았는데 몇 년 후에 해변에 도로를 내면서 누구도 관심을 갖지 않음으로 지금은 그 흔적을 찾아볼 수가 없다고 한다.

시간이 지나면서 문준경 전도사에 대한 사람들의 뜨거운 관심이 점차 사그라들었다. 6·25 동족상잔이 끝난 뒤 사람들은 전쟁 중에 일어난 참극을 이야기하는 것을 금기로 생각하기 시작하였다.

인민군이 섬에서 퇴각한 후 섬에 남은 사람들 중에는 인민군을 동조해서 동네 사람들을 죽인 사람도 있어서 가슴 속으로만 슬픔을 간직해야 했다. 결국 형제끼리, 이웃 주민들끼리 서로를 죽였기 때문에 금기를 이야기하는 것은 아픈 상처를 드러내는 일이어서 동네 사람들은 비극을 이야기하지 않았다.

그러는 과정에 문준경 전도사를 비롯한 100여 명의 증도 사람들이 죽어갔지만 시간이 지나면서 동네나 교회에서도 서로간에 모른 체하며 모든 사실이 시간 속에 묻히기만을 바랐던 것이다. 이에 문준경 전도사의 순교도 사람들 기억 속에서 서서히 사라져갔다.

그러나 순교의 역사가 영원히 묻혀버릴 수는 없었다. 하나님의 거룩한 뜻은 반드시 성취되는 까닭에 근 50여 년 동안 한결같이 증동리교회 성도들은 문준경 전도사의 순교일이 되면 흰 옷을 입고 묘지 앞에 모여 추모예배를 드리곤 하였다. 이러한 일은 50여 년 동안 단 한 해도 거르지 않고 행해 왔다.

지금처럼 문준경 전도사의 순교가 세상에 알려질 것을 아는 사람은 별로 많지 않았다. 그렇지만 증동리교회 성도들은 알고 있었다. 오랫동안 기억해왔기 때문이다. 즉 문준경 전도사는 죽었으되 성도들 가슴 속 깊은 곳에 살아있었기 때문이다. 정태기 목사의 말처럼 문준경 전도사는 우리 마음속에서 단 한 번도 떠나지 않았고 지금까지 죽지 않고 살아 있었던 것이다.

땅에 묻혔으나 씨앗이 살아 있으면 반드시 싹이 나는 법이다.

천국의 섬 증도

6·25 한국전쟁이 끝난 후 증도는 예전과 180도 달라졌다. 섬지역에 산재해 있던 우상문화인 샤머니즘, 수백 년 동안 이어져온 용왕제, 씻김굿, 풍어제가 다 사라졌다. 이곳 증도는 불교도 유교도 도교도 천주교도, 이단도 다 없어진 천국의 섬이 되었다.

증도에는 오래 전부터 밥상 위에 생선이 올라와도 그것을 먹으려고 뒤집지를 못했다. 바위도 우상의 대상이었으며, 썩은 나무도 우상으로 섬기던 증도였다. 그곳에 다만 교회만 없었던 것이다. 그렇지만 지금은 모든 우상이 사라지고 교회만 남아 있다.

현재 증도에는 11개의 교회가 있으며 주민 90% 이상이 신앙인이다. 더불어 증도는 평화롭고 한가한 슬로우시티(Slow City) 섬으로 유명해 외지의 관광객들이 많이 찾아오지만 주민 대부분이 신앙인이기에 담배연기 없는 섬으로 지정되어 담배를 판매하는 곳도 없다.

이렇듯 증도가 살기 좋은 고장으로 변하게 된 것은 기독교의 힘이 아닐 수 없다. 기독교 신앙의 중심에는 문준경 전도사와 한국전쟁 때 죽임 당한 많은 신앙의 형제들이 있다.

증도에는 전국에서 유일하게 순교자의 이름이 붙여진 도로명이 있다. 증도대교에서부터 순교지에 이르는 증도 중앙도로가 '문준경길'로 명명된 것이다. 문준경길 주변의 집들은 신주소가 '문준경길 〇〇〇번지'로 되어 있다. 증동리교회도 '문준경길 178번지'이다. 이렇듯 문준경 전도사는 오래 전에 죽었지만 증도 곳곳에서 다시 부활하고 있는 것이다.

또한 증도의 집 문패를 보면 특이하게도 '문준경길 〇〇〇번지수'를 써넣고 부부의 이름이 함께 나란히 새겨져 있고, 장로·권사의 직분이 쓰여 있다. 이는 남녀평등과 기독신앙인들이 사는 세상임을 의미하는 것이다.

증도는 관광지이기 때문에 축제가 열리곤 한다. 축제가 있지만 주일은 예배드리기 위해 축제마저 쉬는 곳이 증도이다. 부활

절 예배는 물론 부흥회도 이웃 교회와 더불어 같이 하고, 소풍도 이웃 교회와 같이 간다.

그럼에도 조금 아쉽고 서운한 것은 문준경 전도사를 기념할 만한 흔적들이 별로 없다는 것이다. 증동리교회에서 평생을 사역했음에도 증거물이 없는 것은 순교한 그날 인민군들이 문준경 전도사의 살림살이까지 모두 꺼내어 불살라 버렸고, 남은 유품들은 집으로 가져가 분실된 까닭이다.

뿐만 아니라 50여 년의 세월이 흐르는 동안 세상에서는 잊혀진 사람이 되다 보니 그 어느 누구도 관심을 갖지 않아 문준경 전도사의 흔적을 보존할 수가 없었던 것이다.

그래도 다행스러운 것은 문준경 전도사가 평생 사역했던 증동리교회가 남아 있다는 것이다. 일제 강점기에는 치안을 담당했던 경방단에게, 한국전쟁 시기에는 인민군에게, 대한청년단에게 이렇듯 세 번이나 빼앗겼던 교회가 남아 있으니 참으로 감사한 일이 아닐 수 없다.

그리고 교회 앞에는 문준경 전도사가 복음의 메아리를 널리 퍼뜨리기 위해 치던 종이 아직까지 남아 있다. 놋으로 만들어서 녹이 슬지 않은 양호한 상태로 온전하게 보존되어 지금도 옛날처럼 그 종을 치면서 예배 시간을 알리고 있다.

그리고 문준경 전도사가 복음을 전하기 시작하면서, 이성봉 목사를 만나 부흥회를 다니면서, 신학교를 다니면서 모았던 복음성가집도 남아 있어 문준경 전도사의 체취를 느껴 보곤 한다. 증동리교회를 찾아오는 순례자들은 생전의 문준경 전도사를 떠올리며 오래된 복음성가집을 더듬어 "세상길 험한 파도", "허사가"(희망가)를 찬송한다.

세상길 험한 파도

1. 이 세상 험한 파도 메마른 인정
  그 속에서 나의 영은 갈급합니다
  사랑하는 나의 주여 내 손 붙드사
  노한 풍랑 멎기까지 놓지 마소서

2. 어제는 입맞추며 다정한 친구
  오늘은 서리같이 차디찹니다
  얼음 같은 우리 마음 주님 녹이사
  뜨거운 사랑의 영 주시옵소서

3. 네가 나를 사랑하면 나도 사랑해
  네가 나를 미워하면 나도 미워해
  이것은 세상사람 사랑행위요
  나의 주님 그 사랑은 한이 없어라

4. 들어보고 만져보고 먹어보아도
　　세상 것은 죄악이요 모순뿐이요
　　우리 주님 그 말씀은 들어볼수록
　　송이꿀보다 더 달다네 내 영이 삽니다

5. 애가 타고 가슴 아파 몸부림치며
　　우리 주님 참사랑을 찾으렵니다
　　오늘 이 시간 지나기 전 강림하시사
　　무딘 마음 열어주사 좌정하소서

6. 이름은 인생이라 부르시면서
　　금수만도 못할 때가 더 많습니다
　　죄악대로 처벌 말고 용서하시사
　　복 주시는 크신 은혜 감사합니다

허사가(희망가)
(이명직 목사 작사)

1. 세상만사 살피니 참헛되구나
   부귀공명 장수는 바람잡이요
   고대광실 높은집 문전옥답도
   우리한번 죽으면 일장의춘몽

2. 인생일귀 북망산 불귀객되니
   일부황토 가련코 가이없구나
   솔로몬의 큰영광 옛말이되니
   부귀영화 어디가 자랑해볼까

3. 추초중에 만월대 영웅의자취
   석양천에 지낸객 회고의눈물
   반월산성 무너져 여호집되고
   자고새가 울줄을 뉘알았으랴

4. 여류광음 덧없이 보행군같고
   왔다갔다 비틀어 복보다빨라
   동원춘산 백합화 아름다운향
   서풍추천 누른잎 애석하고나

5. 인생백년 산대도 슬픈탄식뿐
   우리인생 무언가 운무로구나
   묘소칠척 짧은몸 창해일속은
   조생모사 부유의 생애로구나

6. 이세상은 역이요 우리는과객
   우리생명 신속함 날아감같고
   그헛됨은 그림자 지냄같으니
   후생만사 헛되고 또헛되고나

7. 홍안소년 미인들 자랑치말고
   영웅호걸 열사들 뽐내지마라
   유수같은 세월은 널재촉하고
   저적막한 음부는 널기다린다

8. 나인성의 동문밖 누누중총중
   영웅호걸 미인들 그수얼만가
   일관장개 포환귀 원망의눈물
   천수만고 송풍성 쓸쓸하고나

9. 서강월색 좋다고 노는왕손과
   당시일대 가인들 가고못오니
   지금있는 서강월 여전하건만
   묻힌성이 그동안 어디있는가

10. 한강수는 늘흘러 쉬지않건만
    무정하다 이인생 가면못오네
    서시라도 고소대 한번간후에
    소식조차 방연해 물거품이라

11. 년년춘색 오건만 어이타인생
    한번가면 못오나 한이로구나

금일향원 노든객 내일아침에
청산매골 마른뼈 한심하구나

12. 요단강을 거스릴 용사있으며
    서산낙일 지는해 막을자있나
    홍안소년 늙는것 뉘물리치며
    백발노인 갱소년 시킬수있나

13. 토지많아 무엇해 죽은후에는
    삼척광중 일장지 넉넉하오며
    의복많아 무엇해 떠나갈때에
    수의한벌 관한개 족치않으랴

14. 땀흘리고 애를써 모아논재물
    안고가나 저갈가 헛수고로다
    적신으로 왔으니 또한그같이
    공수들고 갈것이 명백잖은가

15. 모든육체 풀같이 썩어버리고
    그의영광 꽃같이 쇠잔하리라
    모든학문 지혜도 그러하리니
    인간일생 경영도 바람잡이뿐

16. 우리희망 무언가 뜬세상영화
    분토같이 버리고 주님을뫼서
    천국낙원 영광중 화평의생애
    영원무궁 하도록 누림이로다

증동리교회 앞에서 문준경길 서쪽 도로를 따라 500미터를 더 가면 성결교단에서 세워 놓은 순교기념관이 있다. 그러나 순교기념관에도 역시 문준경 전도사의 유품은 없다. 재봉틀 한 점, 사진 한 점, 그리고 돋보기 하나 정도이다.

어느 누군가가 이런 말을 한 적이 있다. 문준경 전도사의 흔적이 남아 있지 않은 것이 아쉽다고 하자, "그럼 뭐 예수님은 남긴 게 있습니까?" 하더란다. 그 말에 위안이 되었고 예수님처럼 문준경 전도사도 유품은 다 사라졌지만 주님이 세우신 것처럼 이 땅에 교회와 사람들을 남긴 것이다.

지금도 한 알의 밀이 땅에 떨어져 썩음으로 많은 열매를 맺고 있다. 순교의 현장과 문준경 전도사의 체취가 남아 있는 증동리교회, 그리고 순교기념관을 다녀가는 많은 순례객들이 순교의 영성을 품고 살아가기를 간절히 소망한다.

• 증동리교회

부록
영문 번역

Martyr Junkyeong Moon who
died a martyr because of a brood
hen delivering a lot of eggs.

Author : Kangwon Kim minister

Jeungdo, the island of heaven from the island of Sodom

Martyr Junkyeong Moon who died a martyr because of a brood hen delivering a lot of eggs.

Birth and Patrilocal residence

Although it hasn't been a well-known story so far in Korean Christian history, there was a holy and noble martyrdom history that we shouldn't forget in Jeungdo(Do is island), Shinan-gun, and Jeollanam province which is the most remote region in South Korea. Through modern history, our nation's biggest tragedy is the Korean War(1950-1953). It was truly heartbreaking.

We can see some historical records that the communist 6th division troops infiltrated into Shinan-gun at that time. And then they dispersed everywhere in the area and finally took over the whole region.

Around 100 precious lives became victims stabbed with a bamboo spear and clubbed by relentless the North Korean People's Army without mercy. Junkyeong Moon minister was one of the victims. However, their deaths were not in vain. Their sacrifice became a incredible history later in Jeungdo as the island of heaven with a bunch of flowers and fruits. In the center of this sad and beautiful history, there was a martyrdom of Jungkyeong Moon minister who was martyred because of delivering a lot of babies.

Junkyeong Moon minister was born in Feb. 1891 in Sugok-ri, Amtae-myoun, Shinan-gun, Jeollanam-do and was the third-born of three sons and four daughters in Jaekyoung Moon's family. This region called Sugok-ri because there was plenty of water was a small mountain village and was far away from the dock which people used to go to Mokpo. PyeongMoon Nam's family cultivated this region after moving and settling down from the isalnd of Chupo(across from the Sugok-ri) in 1770's

When Junkyeong Moon turned 17, there were talks of a marriage between her family and Jung's family who lived in Jidomyeon, Jeungdo(a little far from Amtaemyeon) and finally she got married to Mr Keuntaek, the third son in Jung's family in March 1908, without having any chance to meet her husband's face before the marriage.

⟨There has been nobody to know about her marriage life. People just assume that her marriage life was not that pleasant because of the fact that she didn't have any baby. Any more details of her marriage life for around 20 years doesn't need to be mentioned here because we more focus on her divine martyrdom life. But, it would be helpful to understand her marriage life referring to Korean women's lives from 1900's to 1960's.⟩

A doctrine of predestination of God and new life

Since Junkyeong Moon's father-in-law passed away, a mother-in-law moved to a big brother of her husband's house and Junkyeong Moon who didn't have any children raised the first brother of one's husband's second son as her stepson with hope for her husband's return. After her stepson grew up and moved to Seoul to get a job, she cleaned up all household goods and moved her based of life to Mokpo near her big brother's house.

However, it was hard and lonely for her to start her new life all alone in the strange city. The most difficult thing for her at that time was not the tiredness of earning her living by doing needlework, but the feeling of hopeless despair. Before she moved to Mokpo, although she had not been with her husband, she had always felt some warmth of neighborhood and love of her father-in-law with her stepson around. But, she couldn't find any hill to depend on any more, so she fell apart.

While she earned a livelihood by sewing, one saint led her to God in Mokpo church(Mokpo Bukgyo-dong church now) and she followed the saint with curiosity. That was her first step to God (1927).

She went to the church to comfort herself from loneliness and despair as a shelter and a refuge. She never knew that going to the church with curiosity could be her first step to God and later became a seed in the gospel and blood of holy martyr in Korean Christian history.

The first church she went was a new world to her. The scene of a lot of people prayed and praised was very unfamiliar with her. But Junkyeong Moon felt something joy and delightful, which she had never felt ever before.

She was unfamiliar with the church and thought the church was a different world at first, however, Junkyeong Moon who enjoyed singing couldn't help sinking into the lyrics of hymnal songs and the saints of praise. That captured her heart firmly with big comfort. And she didn't feel uncomfortable with warm hands from other people there, even though she was a stranger to them. Also, prays in the church sounded like asking someone to treat her broken heart, as if that person had known her problems already. She even felt that one hour of sermon by Seokcho Jang missionary was very short because he explained the bible very easily to understand.

There are not many clear records about Seocho Jang missionary who was in charge of the church at that time. He was born as a only child in a wealthy family in Nampo-eup, Seocheon-gun, Chungnam and grew up to be a school teacher.

In spite of his Confucian family background and his family's firm objection, he went to church with the strong power of God and attended divinity school. He got inherited his parent's property and he established Mokpo church with all his money. That was the second church in Honam area. It was such a great achievement to bring honor to a Korean church and to breed up Junkyeong Moon missionary later. Junkeong Moon became a deacon of church after lessons and being baptized by Seokcho Jang missionary.

Eungjo Kim minister came to the church in succession to Seokcho jang missionary. Eungjo Kim was 27 years old at that time and his first impression was unusual. He said at first "I am here to look for my death place." He was young but he was an independence patriot activist who suffered in prison after participating in independent movements. Also, he got a lot of chronic diseases during the movements without sparing himself and he came to Mokpo church as being pressed. He never neglected to pray in ministry with a tired body and was very passionate to teach all saints academically. While he was praying for God in the evening on a rock in Yudal mountain in Mokpo, his body was hot and light in the middle of the pray. That was the healing moment of the Holy Spirit. At that time, he testified that his all chronic diseases were washed away all at once. He promised to live until at least the age of Moses as a joke.

Since then, he made a great effort to revival of the church

and writing activities, and all saints listened to his lessons with full of respect. Unfortunately, during his active pastoral work, he moved to Anyang to establish Sungkyul University because of the church was divided. He made a great influence on the religious body in Korea by teaching students until his last day in the school. He got a call from God at the age of 96 and it was totally enough to be a guiding star both in Korean people and in Korean churches.

Awaken the sleeping island

Junkyeong Moon as both a ministry of deacon and a missionary was trying to spread the gospel to everyone near the church and all around Aphae island which was her hometown. The first day when she went to hometown to preach the gospel, everybody in the hometown welcomed her with warm hearts and hugs. However, she greeted them half-heartedly and she laid out a straw mat on a yard. At that time, her mind and heart were focused on only the gospel. She said her life so far was vain and she asked everyone to listen to her story carefully. She sang some hymns such as "Jesus loves me this I know", "Jesus is the friend who's always there", and "Looking at our beautiful home, heaven."

Everyone there was so surprised with her voice and her excellent singing skills. And then, she started spreading the gospel to all like a fire and her talk mesmerized all. But, her father realized her behavior could be a big problem, because she came all the way down here to persuade all family members to believe in the Western religion after being kicked out without living with her husband in a decent family. Her father was worried about her appropriate actions as a married daughter who wasn't no longer a member of his own family. Her father came to her spreading the gospel in the yard and turned her out of doors by pouring a waste water to her from the toilet. He also said, "You are not my daughter anymore. Go away!" Despite suffering this kind of bitter humiliation a lot, she never gave up the salvation of her family members. She kept visiting the hometown and tried to spread the gospel to them. Finally, she got the news from Bokyeob Park deaconess that even her father became to believe in God at the end.

Attending KyeongSung bible school of theology

As she tried to spread the gospel to people, Mrs. Moon deacon felt the limits on her bible knowledge and wanted to have more systematic religious education. But, she couldn't find a way. Around that time, Sungbong Lee ministry started for his new post in Mokpo church and ecumenically led the revival meeting. Mrs. Moon deacon's sincere religious life and her truthful look of praising God in particular captured his heart. He got impressed by her and asked her to join his special praise in the revival meeting. She took part in that without hesitation and her praise impressed many people.

In addition to Sungbong Lee ministry's beautiful words, people there felt full of grace with the Holy Spirit. In two months, Mrs. Moon deacon told him that she really wanted to study theology. Sungbong Lee ministry supported her idea and finally she applied for a college of theology. However, sadly she was refused to enter the school as the school thought she was not qualified. At that time, there was a school regulation that a married woman was not allowed to be a student. Mrs. Moon deacon was remained as a married woman without divorce legally and she never had a graduation certification. In spite of these difficulties, she was eager after studying there and eventually she got a chance to audit lectures. She was just an auditor, not a student.

Therefore, she couldn't find her name on a roll book and couldn't receive a certification of graduation. The only thing that she could do was simply auditing lectures there. But, she studied theology very hard and felt so proud of herself studying there. She was not allowed to stay in a school dormitory. Also, she was not able to afford get a house for herself near the school, so she did many little jobs such as washing the dishes and clothes, preparing meals for students, and mending clothes.

By the time after two years to study as the auditor, she pestered Sungbong ministry to register her as a proper student. Sungbong ministry's response was interesting. He said, "I have never guaranteed someone's debt in my whole life, but I think I have to guarantee someone's life this time because of you."

He went to a dean and said, "I will take care of all problems to be caused by her. Please accept her in your school as a proper student and let her study here without any restrictions." The meeting of academic affairs was held and finally she received an acceptance of admission to the school as an exception.

Building Truth church

According to school system, she went to Imja island where her husband used to live in during her six months vacation and found out that there was not a church in there. She hoped to have a church in the island. However, she didn't know any people and couldn't afford to get a house there. Therefore, she was trying to find out a place for her. While she was talking with Cheoja Park (the author's paternal grandmother) on the way, she asked if there was any place for her to stay in Sungnbok Park's house (the author's paternal grandfather).

Sungbok Park let her stay in his house if she kept the one thing only. The only one thing was promising never to lead his wife and his children to a church. She accepted his offer and she built Jilli church(which means Truth church in Jilli village. It was spring in 1933. People who registered to saints in that church for the first time were Panil Lee and Pansung Lee. And then, the church developed gradually. In the meantime, the promise between Sungbok Park and she was unfulfilled. His wife and children(the author's uncles and aunts including mother) and later even Sungbok Park believed in God. One episode is told.

Maternal grandmother got caught by grandmother while she was secretly about to go out with a pocket. Maternal grandfather said, "Jesus, who you believe asked you to bring that with you? He is such a poor man asking a small amount of money. How could he manage his life like that? Please give him a bag of rice later in the fall."

Mrs. Moon had to let everyone know about Jesus because the inside of her flows the spirit of contact, whomever she met. Panil Lee and Pansung Lee brothers made desperate efforts to open the church with her. After two years, the church grew a lot and Mrs. Moon decided to leave the church. That was because Jeungdo(island) where she used to live didn't have any church and she saw some dead souls in her illusion. So, she wanted to go to Jeungdo, where was her hometown after leaving everything in the church to Lee brothers. At that time, the church circumstances were a bit complicated, so it was not easy for her to go all the way to the island as a minister. For that reason, when Mrs. Moon left for the island, Panil Lee deacon took care of the church and carried out the ministry of the gospel as a laity.

Panil Lee and Pansung Lee brothers' Martyrdom

Later, Jilli Church (The Truth Church) was placed under a control as a place for martyrdom in Korean War. That was because people worshiped in the church without listening to the communist on Wednesday, October 4, 1950. The communist army dragged 48 people out of the church, who were worshipping inside and then the people were bound and were hauled to the place where more than 10 kilos far from the church all night by the army.

One the way to the strange place, one of the communist army said, "Just raise a hand and simply tell me that you do not believe in God anymore, I will spare your life." However, nobody was not agitated and all just sang God's praises without any words. There were 7,8,and 9 year old children and even Panil Lee carried his 68 year old mother on his back. When he almost fell due to darkness at night, his mother said, "Please be careful, my son." Everyone were incredibly together with unwavering faith and devotion.

As soon as they arrived at sand beach, the communist army asked the them to dig their own dead spots. They didn't stop praising and started digging sand pits. 13 family members of Panil Lee ministry was exterminated by the communist on that night by reason of family pastoral work. Fortunately, Panil Lee ministry's son was survived. He could save his life because he couldn't come into Mokpo on October 4th, when that tragedy happened. He found out that tragic incident a few days later when he got into Mokpo. However, he couldn't do anything with that. The only thing he could do was just swallowing the anger inside. Just at that moment, the Korean army recaptured

Imgado(island).

As soon as recapturing, he got all details about what happened in the church. The Korean army gave him a gun and asked him to do whatever he wanted to do with attackers who the army already had caught(It might be possible as it was at war.). The attackers were tied their arms with rope and was bending their knees in front of him. He really wanted to shoot them with the gun. But, he suddenly heard the voice of God and his father's voice at the same time like thunder and lightning. They both said, "Injae! Injae! Please throw the gun away and forgive them! Forgive them!" After hearing those voices, he couldn't bear to shoot the attackers and decided to forgive them.

This story spread and people in the town were very impressed his behavior. Around that time, already about 3000 people had been killed in Imjado and more people had been on the list to be killed within 2 or 3 days. His forgiveness saved more than 3000 people's lives there. Incidents of retaliation had not ever happened in Imjado since the Korean War because of a young man full of sublime heart. Injae Lee studied theology after that and carried out the ministry of the gospel in Imja Jilli church where his father loved a lot like his life. He also carried out the ministry of the gospel in Jeungdongri church where Mrs Moon ministry did.

She was the first person who converted him to a religious faith for the first time. Later, he had a huge influence on letting all the people know about Junkyeong Moon ministry's achievements as a martyr and he passed away in 2009 when he turned 86 years old. Hobin Kang missionary was Injae Lee's son-in-law, which means a husband of Injae Lee ministry' daughter(Leesungsimsamo). Hobin Kang missionary was hit by a car in disguise on May 27 in 2012 on the way to China, as if God wanted to remind everyone in the world of Panil Lee ministry's family history as a martyr's family. Even now, Injae Lee ministry's all children preach the gospel at pastoral fields and hope the God will disclose the fact of Imja Jilli church's martyrdom in the world all in good time and it will become a model for all saints in the world later. Now, we are back to Junkyeong Moon's mission work.

Long and difficult path of gospel

Junkyeong Moon moved to Jeungdo in 1953 after two years when Jilli church grew as a proper church. She never thought to come back to Jeuugdo because she already had lived with parents-in-law for 20 years and left Jeungdo right after the father-in-law's death. But, she came back to Jeungdo with powerful love of Jesus Christ to preach salvation with the words of salvation on the land of dead. How could it happen by accident?

The severe years she spent was a training from God for her and her coming back to Jeungdo was as if a sheep comes into a group of wolves. She was trying to think positively to preach the word of God to people there because she had lived with them for 20 years. However, unfortunately that was her misjudgment. The people there desperately oppose to build a church. At first, people welcomed her and were very interested in her praise with curiosity, because they had never heard that kind of songs before. Even some of them asked her to sing more and how to sing those praising songs. She felt so excited to teach them the hymns. But, when she visited the region again later, the people showed totally different attitude. Ah! She never expected this!

The men came out and dragged her hair all around the country sides. They said, "She came to us to ruin our village by building a church here." Also, they tore her clothes in pieces and let her bare skin to everyone in the town to humiliate her. They threatened her to get out of this town because she would never establish a church here. In some places, people poured excremental water to her and mercilessly beat her with a club. However, she had a certain reason why she was not able to give up. Also, she was prepared to accept all difficulties and risks when she came back to this region.

The only thing that she could suffer patiently was that the grace of God toward her was much bigger and greater than all hardships. She thought that she could endure this persecution because she knew even Jesus Christ bled to death upon the cross for us. She cried a lot but she always felt hymns rang out in her heart. There is a collection of gospel anthems called "The song of a martyr" among the author's books. There are 97 songs included which Junkyeong Moon missionary sang all the time in Jeungdo around that time. She praised theses long hymns all the time.

Building Jeungdongri Church

The harder the persecution was, the hotter her passion of the gospel became. One day, a brother's of her husband came to see her and asked her to build a church together. They started to have a worship service in thatched house where they used to live temporary. They began to pray for having a chapel and then Youngbeom Jung got a loan (5 won), which was a large amount of money at that time. Based on that money, they got some woods to build a church from Mokpo and had some tiles to cover the roof.

That was amazing to happen to them, which was all from God. There was a big fire on one of the rich houses in the island next to Jeungdo, so they bought the tiles tanned in the fire with a cheap price. And then, they moved all tiles to dock.

However, it was not easy at all to relocate all tiles from the dock to Jeungdongri. At that time, there were no means of transport except for an A-frame carrier and also men didn't help to move them. So, women were obliged to move the titles at night. The women sneaked out at night and went to the dock, which was 20 miles away. It was around 12 am when they arrived at the church with some tiles on their heads from the dock. They worked during a day and did this secrete mission at night. Some people looked back then and wept tears saying that they couldn't take off towels from their head even during a day because they lost a lot of hair at that hard time. They arranged pillars, woods, and titles for the roof but actually they didn't have a land to build a church.

Since then, Junkyeong Moon ministry started praying all night for preparing the site for the church. On the other hand, Sungbong Lee ministry remembered how to organize a special pray team called "Fresh prayer meeting" before and made a special pray force to establish the church together in the same way. By the way, members of the special pray force were not adults but children in a Sunday school. 12 children was appointed as members of this special team and they were asked to come and pray early in the morning like adults. They obeyed Sungbong Lee ministry's words and went to school after praying every morning in the church.

The words that he gave them always were "If young children pray, God will listen to them and never ignore their prays. You guys pray for the church and adults built the church." While they were praying for the land of the church, Oksun Jung(Youngbeom Jung's granddaughter and she went to JeongMyeong girls' school at that time. Later she got married to Sanggi Kim who was the chairman of

Youngjin pharmacy and became a sincere Christian.) came to Jeungdo for something else and found out that they were praying for a church site. So, she willingly gave them her land for the church. All people believed that it was a response of God to our prays. The special pray force played a huge role in this event. Children were very passionate to pray and to praise all the time, even during break time at school.

At that time, teachers asked them to stop singing songs because their voices sounded like frogs' crying in rice paddies in the springtime just before rice planting. There is another impressive story about them. They were trying to lead their friends to God by lifting them to the church by four of them and said, "You will go to hell, if you don't believe in Jesus." just like the way of what bible says about how four friends let the paralyzed go to church. Later most of the special pray force became ministers in the future. People pointed to this story and said, "There is no free pray."

After building Jeungdongri church with the grace of God, Junkyeong Moon missionary actively started to preach the gospel. Shinangun is called "The island of angel, Shinan." That is because Shinangun consists of around 1004 big and small islands inside. Also, there were a high proportion of the gospel and a lot of beautiful islands including Hongdo. Thus, the lovely name is given to the area. Shinangun has 70 inhabited islands and 930 uninhabited islands. There is a path linking between islands and it is called "Nodugil." Nodugil is stepping stones in mud which people can cross through them when the tide ebbs.

Many missionaries used this path because it was the only way to take a boat in order to get to land. People could go to Saokdoro, Jidoro, and Imgado where Jilli church was only crossing Nodugil in Jeungdo. However, Nodugil was not safe and comfortable. It took long time to cross and it could be dangerous when the tide came in fast. Missionaries had been near to death many times when they crossed this path. Many people witnessed the missionaries praised while they were crossing. The hymn they praised at that time was "Longing for God."

They sang that song desperately, so even strangers could copy that song easily. After people crossing the path, their clothes and shoes got dirty with mud. But Junkyeong Moon missionary was always clean and the people teased her with that(there must had been her own skilled know-how.). There were many risky moments when they crossed Nodugil. Even they face a high tide in the middle of the path because they got a wrong information about a tide time. That happened several times and they felt almost died. Every time they were struggling, they praised together with hymns called "Song for hope" by MyeongJik Lee ministry and "Longing for God." Now there is still an evidence of this path under Jeungdo bridge. Even though the remains are just parts, the author is filled with emotions standing on the path. Sometimes the author takes some people on the way of a pilgrimage to the Holy Land. There is no one who does not cry at that place and they tries walk at least some steps without worried about getting dirty.

Junkyeong Moon and her group spread the gospel in Saokdo(island) and Jido(isalnd), and then walked 26kilos to Bongril, Jidomyeon to do the same thing. They stayed in Jungon Kim ministry's house (who was first governor of C.C.C. missionaries of a college student) and moved to another place to preach the gospel again. Their shoes were always worn out after long way walks. Jungkyeong Moon missionary had to wear 9 pairs of rubber shoes for a year, usually people just needed one pair a year. Her passion for preaching the gospel was amazing.

Jungon Kim ministry who raised his religious belief through Junkyeong Moon missionary.

I would like to tell some stories about Jungon Kim ministry here. He came to Jeungdongri church and said, "I am a person who decided to believe in God, just because of my mother's sweet talk." When he was 2nd grade in a primary school, he met Junkyeong Moon missionary. He noticed a bunch of candies in her bag at that time He couldn't think other things except for the candies. So, he kept waiting until her talk with his mother finished. He realized that waiting itself was not easy thing to do for the first time. After they finished the conversation, she gave some candies to him as if she already knew why he was sitting next to them for a long time. The candies tasted so good. If anyone had asked him who will choose first between his mother and the candies, he would have chosen the candies without hesitation. Those candies were that powerful to him.

A few days later, he met her again and got some candies from her. Since that time, he was always waiting for her coming. In the meantime, Jesus Christ came to him naturally and he started believing in God. Also, he studied theology at school. However, his physical condition was not good enough to complete the school. So, he had some break between semesters and listened to Mrs. Moon missionary's words carefully in Jeungdongri church for 4 months. He experienced the grace of God and cured his chronic disease clearly. At that time, there was a person who got hugely influenced by Mrs. Moon missionary and stayed with him in the church.

That person was Bokyoon Shin ministry who is a president of Hapdong theological seminary(Presbyterian Church) and a distinguished scholar. He visited Junkyeong Moon's grave on the hill at Jeungdongri church and reminded him of her old times with crying. He said, "She was a woman saint like Teresa nun in this world. She was also a grain of wheat which God sent to us and people called her as "beggar instead of us" because she was poor after giving everything around her to other people."

After he had some break, he started talking about her again.

He said, "She was a governor and the church was like a public center for everyone. Over 30 people who didn't have any houses, got diseases, and wanted to listen to the gospel came and stayed in the church. She gave sweet potatoes to them. She also tried to help some drunken people as well as people who enjoyed gambling.

Furthermore, she took a midwife role for a pregnant woman. It was common to die while a woman was giving a birth at that time, because there was no pharmacy and hospital around there. So, many pregnant women at that time placed their shoes neatly and looked them for a while with fear before they got into the room to deliver babies. However, once Junkyeong Moon missionary came to them, they felt relieved and went into the room to give a birth right away. She never failed to have a baby as a midwife at that time, even though she has never experienced this in her lifetime.

Package mission work

Jungkyeong Moon's method of missionaries is known as "Package mission work." She carried two packages with her always. She put some clothes(both old and new clothes) and some food(There were some list of wealthy families in each town in her notebook.) in one package and several medicines and candies in the other package. Her original aim to meet new people with these two packages was to preach the gospel to them, but, first of all, she filled their stomachs with some food and gave them some clothes to prevent themselves from the cold weather. That was because she could stay with them for a while after they were comfortable with basic needs. She carefully preached the word of God to them. Some of them could accept what she was trying to say to them, but there were other people who felt very uncomfortable with her words just by running away or by taking off the clothes that she gave.

She also gave some candies to children in several towns while she was passing by and said, "Go and believe in Jesus, and you will go to heaven." by putting her hand on their heads with full of love. Later, some of the children became deaconesses and gave a testimony at church. Sometimes she gave same medicines to everyone, even though they had a headache or stomachache. That was a bit strange but people who got the medicine got healed no matter what symptoms they had. So, people called the medicine as cure-all. However, that was not all about the medicine. She just used the medicine like a bait for fisherman. Otherwise, she didn't find any way to touch people's bodies. When she gave the medicines to people, she always said, "If you take this medicine, you will be ok. I will help you not to suffer from the disease anymore."

That made the people relieved and stayed with her for a while. Then, she carefully put her hand on their heads and prayed for them. She also said, "We do not have any hospitals or medicines around here. This person is broke as well. So, please cure this man, God." At that time, God blessed everyone there because of her sincere heart hoping to spread the gospel in the barren land.

When she came back to Jeungdo and Shinangun to spread the gospel, it was the period of Japanese occupation and everyone was forced to shrine. However, she got tortured disgracefully by Gyeongbangdan which was in charge of Japan's post security, only because she insisted to believe in God. Eventually, even the church she built was deprived forcefully. And she was imprisoned and tortured for a few months because she didn't visit the shrine. In the meantime, all saints put them together and kept their faith with JungHee Back missionary.

Their way of giving a service was very unique and it was called guerrilla tactics of service. Secretly they gathered at same day and time in a family's house and slipped away without Japanese being aware of it. During the worship, they softly sung 383 hymn together - We keep our faith in spite of persecution and hardships. We are full of joy when we think of our faith. We will be loyal until our last day as a faith of saint. God must have been pleased with their faith.

Junkyeong Moon missionary spread the gospel in life. Even though she knew that land was very hard to cultivate, she began to create a reservoir by constructing an embankment under the valley as one of the agricultural reform, despite Japanese colonial era. She got that idea from the missionaries in the city who built schools, hospitals and churches as a method of the gospel. It is well-known for being started in Imjado. At that time, there was no machine to build the embankment, so everything had to be done by manpower only. Most of men in the town did this work.

However, there was one female among the men, who was Jungkyeong Moon missionary. People got curious and asked one of the men there why she was there. And then, they heard an amazing story of her. She was making some noise in front of workers who put some soil on the embankment and flattened the soil with a big wooden stick, as if a person who makes some noise in front of a bier in Korean traditional funeral. She made some noise and praised at the same time. That song was "Jinjumunga." She also praised many other songs but it was too long time ago to be remembered.

At first, the workers just followed her rhythm while they are working on the embankment. But later, everyone sang together with her and it helped a lot for them to put less effort and strength to flatten the soil evenly. Like this way, some reservoirs were created here and there and people could get enough water. So, people didn't think of moving this town any more. They stayed in the town raising their children with enough food to live.

Therefore, Jeungdo became a rich land of blessing. She was given another talent from God, which was telling a story very well. Once she started telling any stories, she never stopped talking and also listeners were very happy to listen to her stories. At that time, there was no broadcast media, so people didn't have any chance to get any cultural information happening in cities. She got all stories from Sungbong Lee ministry and Jaebong Park ministry who was a supervisor in a Methodist church and led a revival of Korean churches in 1930's and 1940's. Some of husbands who enjoyed listening to her stories a lot confessed later that they preferred listening to her stories than just going home, even though they were in newly married lives. She also never forgot to spread the gospel to everyone who listened to her stories at the end.

Here is a story of a person who spent time with her at that time. Throughout the history of Korean church, there was a young man named Ikdo Kim who was a gangster. Local people always hope not to meet him by throwing a stone to Seonghwangdang shrine tree(shrine to the village deity) in a market day. That was because he always stole some things from the people and sometimes he hit them. However, local people in the village where Junkyeong moon missionary carried out the ministry of the gospel really wanted to meet her.

That was because she always gave interesting stories and some useful information which they had never heard. She asked people who wanted to leave before her stories finished to pay for her stories. She said, "If you want to go, then please pay some prices for my story." Her price for the story was not paying money or giving her some food, but praising a song. So, some people sang a song three times a day or five times a day whenever they met her. Nobody noticed that her idea was for preaching the gospel.

There were some people who could memorize some praising songs after repeating them over and over, even though they had never had any worship in a church. Later, people who came to church didn't feel uncomfortable to praise from the beginning because they were already familiar with some praising songs. The most popular hymn that the people praised was "Jesus loves me" in 563 page(unity hymnal 411), which is still favorite song in Jeungdongri church.

Her way of spreading the gospel was sometimes beyond our expectations. One day, a young married woman was mourning bitterly sitting on the edge of a wooden floor by hitting the floor with her hand. She didn't even noticed that someone came next to her. She was badly sad about her hard married life living with her in-laws, so she said all bad things about her parents-in-law while she was crying a lot. Usually people would try to conform her by sitting right next to her after listening her problems until she stops crying.

However, Junkyeong Moon missionary just sit next to her and did the same action just like the crying woman. After a while, the crying woman finally realized Junkyeong Moon missionary crying and saying bad things about her parents-in-law next to her. The crying woman felt uncomfortable and speechless about Junkyeong Moon missionary's behavior, because that was the first time for her to meet Junkyeong Moon and Junkyeong Moon even didn't know her parents-in-law. Junkyeong Moon missionary just knew that feeling sympathy could make a person open up, just like a case of misery loves company.

Once Junkyeong Moon missionary made a conversation with anyone, the person got into the swing of her talk. She saved one's soul in this way. When the infectious disease(typhoid fever) broke out in this town, everyone there couldn't go out of houses after hanging a straw rope with red peppers and charcoals (to ward off evil spirits, people did this also when they gave a birth.) on their main entrance to prevent people's access. Transmitted people in houses just waited for their last day to come. We could never imagine the feeling of parents who was not able to do anything with their dying children right in front of them.

Even though Mrs. Moon missionary knew they were suffering from contagious diseases, she visited all houses to cure them and helped to clean up the dead people's bodies for funeral ceremony. She was not inflected and people said, "She is from heaven, so the heaven protects her always not to get inflected."

However, she didn't care about being transmitted or being sick by the people. The only her concern at that time was dying people and she only wanted to focus on who to save their lives. She felt so sad about them. Her way of preaching the gospel after building Jeungdongri church (She preached the gospel from March 11th in 1935 until October 5th 1950.) was just same as St. Paul.

She took a little boat to go to Shinan island, the island of angel and built holist pray sites. She also put all her sweat and love into training disciples for God, rather than constructing the church. One of the disciples she taught became great ministers later in the center of Korean church history. I would like to mention here some of their names - Jungon Kim minister who was a president of C.C.C. Korean university students missionaries, Manshin Lee minister who was a chairman of Hangichong, Jaesik Go minister who was a president in Korean theological University, Taegi Jung minister, Bokyoon Shin minister who was a head of Presbyterian church, Gohoon minister in Ansan Jaeil church whose hometown was Dochomyeon Shinangun, Hangook Kim minister, Mansung Lee minister who was a chairman in Seongkyeol church, Jongwook Jung minister and so on.

A few years ago, Dongwon Lee minister who is an elder pastor in Jiguchon church came to Jeungdongri church and led the revival meeting with mercy as commemorating his retirement. He said, "I am just one of his students who owes the gospel." When he was in university, he heard so much about

Junkyeong Moon missionary's a lot of martyrdom and divine nature from Jungon Kim minister who as a teacher of four people in university missionary union (Yongjo Ha, Hanheum Ok, Jeunggil Hong, and Dongwon Lee).

So, he had a mixed feeling with true joy to lead the revival meeting in the church which has a lot of great history. He never believed in the words saying "One grain of wheat drops on the ground and bears many fruits." However, now he understands what that means and explained the meaning by mentioning the following event. Billy Graham minister came to Daegu in South Korea and split an apple into a half. Then, he said, "We cannot not count how many apples are on the tree after we plant a seed. We only can count how many seeds are inside of one apple."

In this sense, The history of God could be powerful influence which we cannot imagine and that power made her train many disciples and those disciples also could train other disciples later. The author, myself still remembers the exact date (April 6th 2014) when I went to Namseoul Eunhae church to mention this episode as a selected instructor about JunKyeong Moon missionary's martydrom and divine natural life during holy week. That days was exactly when the Sewolho accident happened. On that day, I also mentioned Sungbong Lee, Junkyeong Moon, Jungon Kim, Junggil Hong, and Wancheol Park ministers while I was explaining genealogy of faith to God.

Fight against the idol worship

The power of Junkyeong Moon missionary to fight against the idol worship in this town was also a pray. She made a praying spot at the Byeorak rock(named by local people) right under the top of Sangjeongbong, which is the highest mountain in Jeungdo. She went there day and night to pray. At that time, the mountain was a symbol of the idol worship by setting some altars with a bunch of stones around the mountain and offering sacrifice. The idol worship was popular and strong belief between local people and they believed to be able to be healthy and peace in their life time with force and energy from the highest mountain in the town. And there were Seonghwangdang(shrine to the village deity) in the middle of the mountain, which was believed that it protected Jeungdo.

Junkyeong Moon missionary went there day and night to break down the altars and to cut Seonghwangdang trees in order to fight again the idol worship. When she cut the tree, people in the town cursed her saying, "She will be dead by Gods of Seonghwangdang."

However, nothing happened to her and that made some of the people to go to the church due to fear of her existence. When you get to the praying spot at Beorak rock, you can see open sea and an island called millennium forest in the southward direction which just looks like a Korean peninsula. We have Jeju island apart from our peninsula and also other islands around (Dokdo, Uleungdo, Yeonpyeongdo, and Baekryeongdo). Junkyeong Moon missionary prayed all the time on the rock with raising her arms as if she pretended to hug the whole peninsula with desire to spread the gospel to this whole country. She turned around and hugged the rock to hope people not to believe in the idol anymore with all saints in the church, just like Jesus. She fought against the idol worship culture, ghosts and dark souls as well as loneliness and fear. People described her painful crying sound was like a rooster crowing at dawn.

People on pilgrimage to the holy land now who come to this spot are impressed by the beautiful view stretched out at first. And then, they are also amazed by her story about fighting against the idol worship culture by praying here all the time. They even felt sorry and guilty complaining that it is difficult to climb all the way up here. They become silent for a while by thinking that how she walked rough ways up alone. On the way of Sanjeongbong, there was a tree which was cut down by her. As soon as she cut the tree, all said she would die soon with one voice. It was not just hurting God. It was cutting the roof of the idol. So, people were waiting for her submission after several pain, but she was so fine even after a month and still she was everywhere to spread the gospel. Even some of the people came to church in order to believe in God with fear of her existence.

On the praying spot, there were no people rejecting to pray to prevent the idol worship culture for the church and missionary in order to renew Korean churches and to pray for the unity of our country. There was uncountable people who came to this spot and prayed and this spot is the place where all chairmen, local chiefs, and alliance members such as Dongwon Lee, Junggil Hong, Gisung Yoo, Wancheol Park, and so on came and prayed with crying. After praying, they felt recharged with full of energy.

There is a photo zone(on the way down from the spot right next to the church wall) illustrated her flying out dandelion spores in the sky with hope of the gospel on the rubber shoes boat. That is because she wore nine pairs of rubber shoes a year. Pilgrims naturally take photos in the photo zone. They pretend to hold her hand and to sit on her family chair in the picture, when they take pictures. They are busy but they are always willing to take some time there to take some pictures with her. Then, they take a car and walk for a while to go to the place where she died a martyr on October 5th 1950. Some of them wear rubber shoes like her. Her last place is in the beach which is 600 meters away from Jeungdongri church. The spot is well-preserved but it is not exactly same like the day when she passed away. People cannot stop crying the tears from flowing there. Also, it is speechless to think of her last moment here.

Moreover, people get more emotional after listening to what happened to her at that day in details from the guide. The guide's explanation starts like this. The fratricidal tragedy war broke out June 25th in 1950 in this land. People in here heard about the war but didn't expect any communists to visit this town. That town was Jeungdo and Shinangun. So, they just did normal things like an ordinary day, but all of sudden the communist army 6 division came to the south and dominated Shinangun area.

Holy Martyr

Jeungdo was not the exception. As soon as they came in, they stirred up people there shouting North Koreans liberation. They even threatened the people with weapons and brutality by teaching songs of the liberation and of North Korean partisans in a warlike atmosphere. They also went to Jeungdongri church and captured Junkyeong Moon missionary saying "If there is this kind of person here, it can be an obstacle to do what we have to do." They dragged her to Mokpo where the communist office was, not the beach where they used to kill people. They thought she was a vicious evil person and her crime was very serious, so they should drag her to Mokpo, not just killing her on their own.

However, the way to Mokpo was very hard and took a long time to get because they should take only one little boat by rowing with a wind. Mokpo already had be recaptured by South Korean soldiers, when the boat was on the way to Mokpo. However, they didn't know what was going on at that time because there was not any communication method. When they arrived at Mokpo, the communists ware aware of the situation there and just ran away with their hearts in their mouths.

Docheon Yang who was with Junkyeong Moon missionary on the boat got free with her and went to Seongbong Lee minister's house who was in Mokpo for a while. Panil Lee who carried out the ministry of the gospel in Jilli, Imjamyeon. also was there to meet Seongbong Lee minister. Seongbong Lee minister was so worried about his disciple, Mrs. Moon missionary and her church, but he was glad and grateful to know that everything and everyone were safe. He also asked three people there not to leave his place by quoting words in Bible. After his talk, three people decided what to do. Junkyeong Moon and Panil Lee wanted to go back to Jeungdo and Docheon Yang wanted to stay in Mokpo to plan for the future.

At that time, Docheon Yang confessed a few years ago in Jeungdongri church that he was 27 years old so his desire to survive was too much to go back to Jeungdo. However, Mrs. Moon and Pail Lee firmly insisted to go back and finally took a boat together to Jeungdo. They thought all saints will die unless they went back.

As soon as they arrived at Jeungdo a few days later, they went to the village right away to gather people and saints in order to inform happy news. The happy news was that this region would be recaptured soon after a few days because Mokpo had been already recaptured before. However, unfortunately, among them who was listening to the news, there were some who had some connection with the communists. Those people sneaked out and reported everything to the communists. They said, "This woman(Junkyeong Moon missionary)is speaking out all bad things about us to everyone in the town." So, she was dragged by the communists right away when she was with some other people in the church.

She was tied up with a rope and was dragged to a place where was 600 meters away from the church with other people. The communists said, "You guys are the representatives of the church." When she arrived at the place, around 15 people were beaten to death by the communists as reactionaries. The communists even said that using a bullet is too much for you guys. The cruel communists also tried to kill three people (Junkyeong Moon, Junghee Baek, and Duhak Kim). At that moment, the leader of the communists block them and said, "We cannot kill anyone without sin because here is people's courthouse." And then, he dragged Junkyeong Moon out of the group and forced her to bend knees. Also he said, "Give me her sin, then we will kill her." Nobody was saying anything at that time.

After a while in silence, one of the people who was the left wing political party came out to the front and pointed her saying, "She delivered many babies before, so we have to kill her not to have any more baby." Them, the leader also pointed her and said, "We cannot let her live because of that sin. Let's kill her." Once he said that, she was beaten and stabbed at the same time. The 60 year old woman fell down and bled a lot. Even though she was beaten to death with a lot of bleeding, she said, "I am not afraid of death, but please save Junghee Baek. She only followed me. There is no sin for her."

Junghee Baek missionary was a student at Kyeongseo Biblical seminary in Seoul and Junkyeong Moon felt sympathy for her because Junghee Baek had lived very similar life like Mrs. Moon. So, Mrs. Moon took her to Jeungdongri church as an adopted daughter and lived together, just like Paul and Timothy. Suddenly, the leader shouted to Junghee Baek and asked her to leave. Therefore, Junghee Baek could spare her live there. She had had many difficult moments since that time, but she never lost her faith at any time. She got tortured by forced to live as a concubine later.

However, she kept her chastity and spread the gospel until her last day. After she discovered her mother of faith(Junkyeong Moon) to the world, she closed her eyes forever at Seongrakwon(royal garden) in Daejeon. When Junkyeong Moon was beaten to death, she also said "I am not afraid of death, but please save my saints." At that day, she saved all saints with her life, just like Jesus saved sheep as a shepherd. There were over 3000 people to be killed in Shinanjun around October 4,5 and 6 in 1950. Among them, there were many saints as well. However, in Jeungdo, Junkyeong

Moon missionary was the only person to be killed. For this reason, we respect her a lot as a martyrdom.

And lastly, the last word that she said in this world was, "I am dying by you but please believe in God." The leader said, "She is bleeding a lot but she is still alive. Come out and kill her." He brutally forced one of the communists to kill her with a gun. The communist put the gun right under her chin and shot. This is how she was martyred. No one could come to the place where she passed away. After several days, BokYeob Park deacon, Dongrae Lee deascon, Junghee Baek missionary, and three local woman went there to get her dead body and buried her on the hill with beach sand. They couldn't wash her dead body and even change her clothes.

Since that time, the communist army dismissed and finally peace came. 4 months after she is gone, that was in Feb, 1951 and people in Jeungdongri church and Honam local community decided to have a funeral for her. Her funeral took place in Jeungdongri church where she spent her whole life on February 2nd which was her 60th birthday. Jeungdongri church prepared for the funeral for 10 days and moved her corpse to the church one day before the funeral. All ministers in Honam area came to the funeral and all saints wore white clothes with white towels on that day. They mourned her death together. There were so many people to the funeral and some of them said, "This funeral is bigger than the funeral for Kim Koo(his penname is Baekbeom)."

Revived belief of martyrdom

Mrs. Moon's cousin, Taesul Jung spoke to Junghee Baek missionary about what Mrs. Moon said during her lifetime, "I cannot be buried in Jung's family gravesite later when I die. So, I would be happy if I can be buried even a bit far from the site." However, Taesul Jung persuaded to bury her in the middle of the Jung's family gravesite and people accepted to do so. Also, memorial martyr monument to her was set up in Jeungdongri church and a little monument was also set up in the place where she was martyred. And, they also put a rock on the spot of her martyred place in the beach. However, the rock has been gone.

After the funeral, it seemed like people were out of interest in her any more. That was because she was not the only person who died during the Korean war. Over 100 people was killed, so it was like siblings and neighbors killed one another. Therefore, people there just wanted to ignore what actually happened to them and forget about it. But, all saints in Jeungdongri church have had tribunal service in front of her grave by wearing white clothes for over 50 years. They have strong belief that the will of God certainly will be achieved. There are not many people who expect that their tribunal service for her for 50 years become a chance to reveal her life to everyone in the world. However, all believers in Jeungdongri church know and they all still remember her.

Jeungdo, the island of heaven

Jeungdo has been changed a lot compared to before. People there no longer have the idol worship, acts of shamanism, exorcism, and ritual for a big catch of fish. Long time ago, they even had such a strange worship. For example, if they flipped over a fish, they thought boats in the sea will be flipped over. So, they didn't flip it over even they had it to eat on table. At that time, even a rock and a rotten tree were all idols to them. The only thing they didn't have was a church.

However, now all idol worship culture is disappeared and only church remains to them. There are 11 churches in Jeungdo now and more than 90 percent of residents are Christians. Also, this island is full of Christians now, so it is appointed as the island of non-smoking. Therefore, there is no a cigarette store in Jeungdo.

Also, this island is the only region where has a road named after martyrs. The main road between Jeungdo bridge and the place where Mrs. Moon was martyred is called "Junkyeong Moon's street." The new addresses for houses around this road begin with at OOO on Junkyeong Moon's street. The address of Jeungdongri church is at 178 on Junkyeong Moon's street. People there put their house number, their names, and Mrs. Moon's duty on their doorplates. This region is a tourist destination, so a festival is supposed to take place.

However, people in Jeungdo go to church every Sunday to have a service, even during the festival period. The only one thing to feel sad is that there are not many things left to remember Junkyeong Moon. She carried out the ministry of the gospel during her whole life in Jeungdongri church, but the communists burned out all her belongings on her last day in order to remove evidence. Some of her goods was taken and used by the communists. Also, she had been buried over 50 years and nobody was not interested in her things, so most of her things were missed and disappeared.

Fortunately, however, the church where she spent her whole life remains. Even this church was taken away three times before by Kyeongbangdan which was in charge of Japanese public peace, the communists, and Korea young men's association). Also, there is still a bell which she hit to spread the gospel widely. It is made of brass, so it still has a good shape without any rust. It is still used by people in Jeungdongri to let everyone know about the service time.

Lately, there is a gospel hymnbook which she collected all hymn inside while she was a student in theological seminary and was a member of the revival meeting with Seongbong Lee ministry. People in Jeungdongri and some pilgrims try to song the hymns remembering her old times. "My soul always yearns in the middle of this hard and dry compassion in the world. My love, God, please do not release my hand until yellow wind and waves stop."

There is a memorial martyr monument standing in SeongKyeul platform which is 500 meters away along the west road from Jeungdongri to JunKyeong Moon's street. However, there is no her remains in martyr memorial hall. Only her sewing machine, a picture of her with young men in Jeungdongri, and one magnifying glass(It was found on her chest when her grave in the back of the mountain was discovered in order to move her grave to the martyr spot.) are in the hall now.

When I said that it is such a pity not to have many records of her now to one of people who came to a martyrs' shrine in Jeungdo. That person said, "What Jesus left behind him?" That comforted me a lot and I thought she also left only the church and people, not anything else. What she left to us is the most important and meaningful.

Even now I experience that only one grain of wheat on the ground can bear a lot of fruits and hope to live with divine nature of martyr.

중동리교회 성지순례 가이드

1. 증도의 문준경 전도사 성지순례를 바르고 알차게 하는 방법

❶ 큰마음 먹고 계획을 세우고 은혜 받고자 출발하는 증도길 설레는 마음 가득한데 오는 길이 만만하지 않습니다.

시루섬 드라마 포스터

증도로 출발하여 얼마쯤 오다 보면 장거리이기 때문에 지루해질 수도 있습니다. 이때 차량에 장착된 CD기에 문준경 전도사님에 관련된 2009년 CBS 창사 특집으로 제작된 "시루섬" 드라마 CD가 있습니다. 신앙을 가진 탤런트들이 출연하여 만든 좋은 영화입니다.

소요시간은 110분 정도이며, 감상하는 가운데 시간 가는 줄 모르고 깊은 감동을 받게 됩니다. 문준경 전도사님의 삶과 사역 그리고 순교의 역사가 담겨 있기에 선지식도 얻을 수 있으며, 경건한 마음을 가질 수 있습니다.

❷ 어느덧 중도로 들어서는 중도의 관문 중도대교를 건너게 됩니다. 건널 즈음이 되면 유심히 바라보아야 할 곳이 있습니다. 바로 중도대교 밑에 있는 노둣길입니다. 문준경 전도사님이 늘 복음을 전하고 학교를 다니던 길입니다.

그리고 여러분이 건너온 중도대교가 있습니다. 두 길은 100년의 차이가 납니다. 최초의 길과 최근의 길이 나란히 공존하고 있습니다.

노둣길은 물이 빠져 나갔을 때 드러나는 징검다리식 길입니다. 문준경 전도사님이 고무신을 벗고 복음의 보따리를 들고 걸으셨던 길입니다. 물이 들어오면 죽음의 위험에 봉착하게 되지만 그럼에도 포기할 수 없었던 복음의 노둣길이니 꼭 한번 바라보고 중도로 들어오시기를 바랍니다.

노둣길

증도대교(증도의 관문)

❸ 증도대교에서 직진으로 2킬로미터 들어오면 동네 입구 오른편 언덕에 문준경 전도사님이 일제강점기인 1935년 3월에 증도에 최초로 세운 증동리교회가 바라다 보입니다.
차를 타고 마당으로 올라오면 나즈막한 교회와 순교기념비가 보입니다. 길가의 교회가 문준경 전도사님이 실제 사역했던 교회이고, 순교기념비는 전도사님이 순교하신 후 장례식을 치르면서 세운 최초의 순교비입니다.
순교비를 배경으로 기념사진 한 장 정도 찍어보면 어떨까요?

문준경 전도사가 사역한 증동리교회

순교기념비 앞에서

길가에서 바라본 옛 증동리교회

현재의 증동리교회 내부 십자가 사진

❹ 안내자의 인도로 증동리교회 본당으로 들어서면 천장으로부터 쏟아져 내리는 LED 불빛을 보게 됩니다. 십자가의 불빛입니다. 안내자의 간단한 멘트가 있은 후 강단 전면의 화면을 통하여 "남도의 백합화" 동영상을 보게 됩니다. 김준곤 목사님, 정태기 목사님, 이만신 목사님과 순교 후 문 전도사님의 시신을 수습했던 박복엽 권사님의 증언이 담긴 동영상이 20여 분 상영됩니다. 모든 이들의 눈시울을 적시는 시간입니다.

이어서 안내자가 증동리교회를 섬겼던 전도사님의 사역을 자세히 설명합니다. 이는 또 한번의 감동이 아닐 수 없습니다. 가끔은 설명을 듣고 있는 순례자들이 반응도 없이 가만히 있기에 이상해서 물어보면, 너무나 숙연해서 입도 벌릴 수 없고 웃음도 지을 수 없고 얼굴 표정이 굳어지게 된다고 대답합니다.

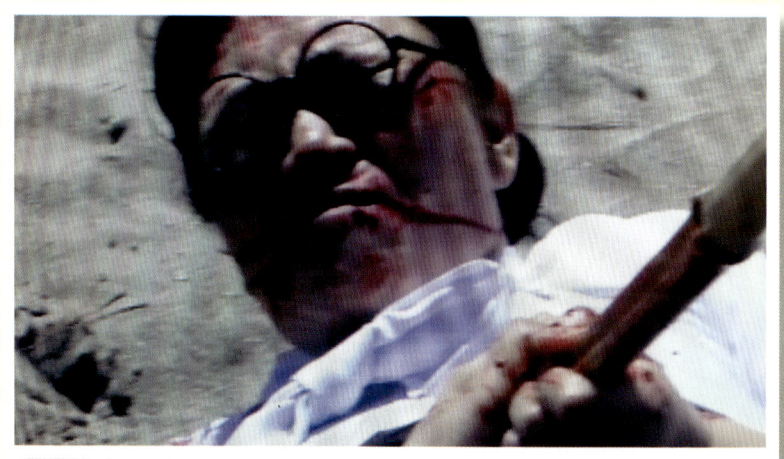

드라마의 한 장면

기도하는 증동리교회 성도들

❺ 사역에 대한 설명을 마치면 교회 마당으로 다시 나와서 순교기념비를 중심으로 사진도 찍고 문준경 전도사님이 쳤던 종도 기념으로 한두 번 쳐보고 사역했던 교회도 들어가 보면서 교제를 나눕니다.

교회 앞마당에서 기념촬영

문준경 전도사가 복음의 메아리를
울리며 쳤던 종탑

옛 교회 내부 모습

❻ 이제 본격적으로 순례길에 오릅니다. 문준경 전도사님이 목숨 걸고 산에 오르시며, 우상의 제단들을 헐고 한반도를 품고 기도하셨던 상정봉 등반입니다. 걸어서 약 20분 걸리는 언덕길입니다. 상정봉 정상 100미터 전방은 일명 '할딱고개'라고 합니다. 숨을 할딱이면서 올라가는 길이라는 뜻입니다.

숨이 목까지 차오르는데 정상에 오름과 동시에 바로 눈앞에 펼쳐진 천년의 숲 우전해수욕장의 넓은 백사장과 한반도를 닮은 섬이 보입니다. 왼쪽으로는 태평염전(알파고와의 대전으로 우리에게 감동을 주었던 바둑제왕 이세돌의 후원사이다) 소금밭이 펼쳐져 있습니다. 사방을 둘러보면 온통 섬들뿐인데, 진짜로 신안이 1004개의 섬이라는 것이 실감나는 곳입니다.

상정봉으로 향하는 언덕길

잠시 사진도 찍고 경관도 구경하지만 오래 머물 수는 없습니다. 바로 95미터 정도 내려가면 문준경 전도사님의 기도바위가 있기 때문입니다.

잠시 즐거움을 뒤로하고 기도바위로 가면 우선은 감탄의 탄성이 나오고, 설명을 들으면 숙연해지는 곳입니다. '나도 이 기도바위에서 기도하고 싶다'는 생각이 들고 마지막으로는 그렇게 살아야지 하는 결단을 하게 됩니다. 이곳은 안내자 없이 오르면 바위 하나 보고 올 뿐이므로 꼭 설명을 잘 해줄 수 있는 안내자를 동반해야 합니다.

한반도 모습의 섬

기도바위

기도하는 순례객들

기도바위에 순례객들이 손을 얹고 기도하고 있다.

❼ 기도동산의 감동을 마음에 품고 내려오다 보면 증동리 교회 벽면에 포토존이 자리하고 있습니다. 문준경 전도사님의 고무신배와 민들레 홀씨의 복음 전파 그리고 11개의 교회들이 그려진 곳입니다. 문준경 전도사님의 손을 잡고 찍어도 좋고, 여러 각도로 찍어 보십시오.

이제 차를 타고 증동리교회에서 붙잡혀 끌려간 순교 현장으로 가게 됩니다. 그곳은 차로 가면 2분 정도 걸립니다. 이곳 이름은 터진목으로 증동리교회에서는 600미터 떨어진 곳입니다. 순례지 중 가장 중요한 곳으로 꼭 안내자를 동반해야 합니다. 그곳에서 생생한 증언을 들을 수 있는 안내자가 필요합니다. 문준경 전도사님의 마지막 모습과 마지막 말씀을 듣고 잠시 기도한 후 기념으로 사진을 찍거나 더 기도를 하기도 합니다.

포토존에서 기념촬영

183

문준경 전도사의 묘

안수기도 받는 순례객

가이드의 설명을 듣고 있는 순례객들

❽ 여기까지 순례를 마친 후 바로 북쪽으로 눈길을 돌리면 순교기념관이 보입니다. 기독교대한성결교회 총회에서 세우고 관리하는 문준경 전도사 순교기념관입니다.

비록 유품은 많지 않으나 순교의 역사를 담아 놓은 1층과 2층의 관람실을 자세히 살펴보면서 성지순례를 마무리하면 알차게 순례했다는 느낌을 갖게 될 것입니다. 총 소요시간은 2시간 30분 남짓 걸립니다.

문준경 전도사 순교기념관 전경

성지순례를 마치면 점심시간이 됩니다. 증도의 식사는 예약제입니다.
대표적인 식당   061-271-7533(고향식당)
             061-271-7800(이학식당)
             061-271-8988(트레져 아일랜드)

2. 증도 관광코스 소개

1

증동리교회에서 아니면 순교기념관에서 차를 서쪽 방향으로 직진하여 7-8분 정도 가면 만들(그 지역의 지명)지역이 나옵니다. 이곳은 역사적으로 매우 중요한 곳으로 신안해저유물 발굴지입니다. 만들의 조그만 섬에 침몰한 배의 모양을 한 트레저 아일랜드 카페가 있습니다. 이곳에 들르면 신안 해저 유물 발굴의 흔적을 볼 수 있고 자세한 설명도 들을 수 있습니다.

석양의 모습이 매우 아름다워 기념촬영 하기에 좋은 곳입니다. 뒤이어 매운탕이 들어오는데 밥그릇도 명물이고, 디저트로 과일과 향이 좋은 차를 마실 수도 있습니다. 식사가 끝난 뒤에는 2층으로 올라가서 유물 전시관을 둘러본 다음 선상에 올라가서 주변의 경관을 카메라에 담아봅니다. 영화의 한 장면을 재현해 볼 수도 있는 곳입니다.

2

다시 차를 돌려 동쪽으로 가면 해변도로가 나옵니다. 짱뚱어다리가 보이는데, 목조 다리여서 사람만 건널 수 있습니다. 차는 짱뚱어다리 건너편으로 돌아서 가면 됩니다. 짱뚱어다리 밑에는 짱뚱어들이 많이 서식하고 있는데 신기함 그 자체입니다.

어느덧 다리를 건너면 한반도 해송숲 올레길 철학의 길로 들어가게 됩니다. 무념 무상의 시간으로 잠시 휴대폰을 끄고 해변의 모래밭과 올레길을 한꺼번에 경험할 수 있는 힐링의 장소입니다. 그리고 크리스천들은 상정봉 기도바위에서 보았던 문준경 전도사님의 나라를 위한 기도 장소로 들어가게 됩니다. 시간은 마음대로 조정할 수 있습니다.

③ 다시 차를 타고 나오면 한반도 해송숲 끝자락에 위치한 엘도라도 리조트를 조망하게 됩니다. 그곳에는 낭떠러지에 만들어 놓은 아주 예쁜 찻집이 있습니다. 해변가 전망이 매우 아름다운 곳으로, 증도의 관광명소입니다.

④ 다시 엘도라도 리조트를 뒤로하고 왔던 길로 되돌아 나오면 장고리교회가 보입니다. 그곳에서 동쪽으로 방향을 잡아 조금 가다 보면 전도사님이 개척한 대초리교회도 보이고 산 밑에는 황토집으로 만든 정태기 목사님 생가도 보입니다. 조금 돌면 문준경 전도사님이 시집온 등선리 마을도 보입니다.
조금 더 가면 광활하게 펼쳐진 63만 평의 태평염전 소금밭이 펼쳐져 있습니다. 한참을 가다 보면 소금 박물관과 소금아이스크림 가게가 보이고 소금물로 하는 힐링센터도 있습니다.
증도 관광의 마지막 코스입니다.

여기까지 모든 일정을 마치면 어느덧 그리운 집으로 돌아갈 시간이 됩니다. 동선으로 차를 타고 5분만 더 가면 증도대교가 보이는데 그곳으로 빠져 나가면 됩니다. 감사합니다.

문준경 전도사의 순교 이야기
새끼를 많이 깐 씨암탉이라고?

1판 1쇄 인쇄 _ 2016년 11월 10일
1판 1쇄 발행 _ 2016년 11월 15일

지은이 _ 김상원
펴낸이 _ 이형규
펴낸곳 _ 쿰란출판사

주소 _ 서울특별시 종로구 이화장길 6
편집부 _ 745-1007, 745-1301~2, 747-1212, 743-1300
영업부 _ 747-1004, FAX 745-8490
본사평생전화번호 _ 0502-756-1004
홈페이지 _ http://www.qumran.co.kr
E-mail _ qrbooks@gmail.com / qrbooks@daum.net
한글인터넷주소 _ 쿰란, 쿰란출판사
등록 _ 제1-670호(1988.2.27)
책임교열 _ 송은주

ⓒ 김상원 2016   ISBN 978-89-6562-953-5 03230

책값은 뒤표지에 있습니다.
이 출판물은 저작권법에 의해 보호를 받는 저작물이므로 무단 복제할 수 없습니다.
파본(破本)은 구입처에서 교환해 드립니다.